T0085176

ÉXITO
101

JOHN C. MAXWELL

GRUPO NELSON
Una división de Thomas Nelson Publishers
Desde 1798

NASHVILLE DALLAS MÉXICO DF. RÍO DE JANEIRO

© 2008, 2012 por Grupo Nelson ®
Publicado en Nashville, Tennessee, Estados Unidos de América.
Grupo Nelson, Inc. es una subsidiaria que pertenece completamente a Thomas Nelson, Inc.
Grupo Nelson es una marca registrada de Thomas Nelson, Inc.
www.gruponelson.com

Título en inglés: *Success 101*
© 2008 por John C. Maxwell
Publicado por Thomas Nelson, Inc.
Publicado en asociación con Yates & Yates, www.yates2.com

Partes de este libro han sido publicadas previamente en *El mapa para alcanzar el éxito, El lado positivo del fracaso, Líder de 360º, Cómo ganarse a la gente, Las 21 cualidades indispensables de un líder* y *Las 17 cualidades esenciales de un jugador de equipo,* por John C. Maxwell.

Todos los derechos reservados. Ninguna porción de este libro podrá ser reproducida, almacenada en algún sistema de recuperación, o transmitida en cualquier forma o por cualquier medio —mecánicos, fotocopias, grabación u otro— excepto por citas breves en revistas impresas, sin la autorización previa por escrito de la editorial.

Traducción: *Beatriz Pelayo*
Adaptación del diseño al español: *www.Blomerus.org*

Edición revisada por Lidere

www.lidere.org

ISBN: 978-1-60255-844-1

Impreso en Estados Unidos de América

Contenido

Prefacio

He sentido una gran pasión por el crecimiento personal la mayor parte de mi vida. De hecho, ¡he creado y logrado un plan de crecimiento para cada año durante los últimos cuarenta! La gente dice que la sabiduría viene con la edad, yo no creo que eso sea cierto, algunas veces la edad viene sola. No hubiera logrado ninguno de mis sueños si no me hubiera dedicado al mejoramiento continuo.

Si desea crecer y llegar a ser lo mejor de usted, debe tener la intención de lograrlo. La vida es, al mismo tiempo, ajetreada y compleja. La mayoría de la gente no tiene tiempo para terminar su lista de pendientes del día, y tratar de completar todo en cada área de la vida puede ser un reto. ¿Sabía que se ha producido más información nueva en los últimos treinta años que en los cinco mil anteriores? Una edición de cualquier día de la semana del *New York Times* contiene más información que la mayoría de la gente en Inglaterra en el siglo XVII podía encontrar en toda su vida.

Es por eso que he desarrollado las series de libros 101. Hemos elegido cuidadosamente los temas básicos en liderazgo, actitud, relaciones, trabajo en equipo y ser mentor, y los hemos puesto en un formato que puede leer en una sentada. También puede llevar un libro 101 en un portafolio o bolso y leerlo en diferentes lugares conforme lo permita el tiempo.

En muchos de mis libros más grandes, trato cada tema en mayor detalle; lo hago porque creo que a menudo es la mejor manera de dar un valor agregado a la gente. *Éxito 101* es diferente. Es una introducción a un tema, no el «curso avanzado». Sin embargo, creo que le ayudará en su camino de crecimiento en esta área de su vida. Espero que disfrute este libro, y oro para que le ayude tanto como usted desee mejorar su vida y lograr sus sueños.

Parte I

La imagen correcta del éxito

I

¿QUÉ ES EL ÉXITO?

Usted no puede lograr lo que no ha definido.

El problema para la mayoría de la gente que desea ser triunfadora no es que no puedan lograr el éxito, el mayor obstáculo para ellos es que no lo entienden. Maltbie D. Babcock dijo: «Uno de los errores más comunes y el más costoso es pensar que el éxito se debe a algún genio, magia, alguna cosa que no poseemos».

LA IMAGEN TRADICIONAL DEL ÉXITO

¿Qué es el éxito? ¿Cómo se ve? La mayoría de la gente tiene una vaga imagen de lo que significa ser una persona exitosa, se imaginan algo más o menos así:

La fortuna de Bill Gates,
el físico de Arnold Schwarzenegger
(o Marilyn Monroe),
la inteligencia de Albert Einstein,
la habilidad atlética de Michael Jordan,
la audacia en los negocios de Donald Trump,
la gracia social y equilibrio de Jackie Kennedy,
la imaginación de Walt Disney, y
el corazón de la Madre Teresa.

Eso suena absurdo, pero es más cercano a la realidad de lo que nos gustaría admitir. Muchos de nosotros imaginamos el éxito como algo diferente a lo que somos, ¡y en especial, no podemos ser como otras ocho personas! Más importante que eso, usted no debería querer serlo. Si trata de convertirse en uno de esos ocho, no será exitoso; será una imitación mala de ellos y eliminará la posibilidad de convertirse en la persona que debería de ser.

La imagen correcta del éxito

¿Entonces cómo inicia el camino al éxito? ¿Qué se requiere para ser exitoso? Dos cosas se necesitan: la imagen correcta del éxito y los principios correctos para llegar ahí.

La imagen del éxito no es la misma para dos personas porque todos somos creados diferentes, como individuos únicos. Pero el proceso es el mismo para todos, está basado en principios que no cambian. Después de más de treinta y cinco años de conocer gente exitosa y estudiar el tema, he desarrollado la siguiente definición de éxito:

Éxito es...
Conocer su propósito en la vida,
Crecer hasta alcanzar su potencial máximo, y
Plantar semillas que beneficien a otros

Usted puede ver con esta definición que el éxito es un camino más que un destino. No importa cuánto tiempo viva o lo que decida hacer en la vida, nunca agotará su capacidad de desarrollarse para alcanzar todo su potencial, o dejará de tener oportunidades para ayudar a otros. Cuando ve el éxito como un camino, nunca tendrá el problema de tratar de «llegar» a un destino final esquivo. Ni se encontrará a sí mismo en una posición en la que haya logrado una meta final, sólo para descubrir que está aún vacío y buscando algo más que hacer.

Otro beneficio de enfocarse en el camino al éxito en lugar de llegar a un destino o lograr una meta es que tiene el potencial de convertirse en alguien exitoso *hoy.* En el momento en el que cambia para buscar su propósito, desarrollarse hasta alcanzar su potencial y ayudar a los demás, exitoso es algo que usted *es ahora*, no algo que espera vagamente ser algún día.

Para tener un mejor entendimiento de estos aspectos del éxito, veámoslos a detalle:

CONOCER SU PROPÓSITO

Nada puede reemplazar el hecho de conocer su propósito. Henry J. Kaiser, el empresario industrial millonario fundador de Aluminio Kaiser y del sistema de salud Kaiser-Permanente dijo: «La evidencia es abrumadora al punto que usted no puede empezar a llevar a cabo lo mejor de sí a menos que se fije un propósito en la vida». O puesto de otra manera, si no trata de descubrir su propósito activamente, es posible que pase el resto de su vida haciendo las cosas equivocadas.

Creo que Dios creó a cada persona para un propósito. Según el psicólogo Víctor Frankl: «Todos tienen su vocación específica o misión en la vida. Todos deben hacer una tarea concreta que demanda cumplimiento. Por lo tanto, no se puede reemplazar, ni se puede repetir su vida. Entonces la tarea de cada uno es tan única como su oportunidad específica para implementarla». Cada uno de nosotros tiene un propósito para el que fuimos creados. Nuestra responsabilidad, y nuestra mayor alegría, es identificarlo.

Aquí hay algunas preguntas que hacerse para ayudarle a identificar su propósito:

¿Qué estoy buscando? Todos tenemos un deseo fuerte enterrado en nuestros corazones, algo que llama a nuestros pensamientos y sentimientos más profundos, algo que hace que nuestras almas ardan. Algunas personas tienen un sentido fuerte de lo que es eso cuando son tan sólo niños; otros toman media vida para descubrirlo, pero sin importar lo que sea, está ahí. Sólo necesita encontrarlo.

¿Por qué fui creado? Cada uno de nosotros es diferente. Nadie más en el mundo tiene los mismos regalos, talentos, antecedentes, o futuro. Es una de las razones por las cuales sería un error muy serio que usted intentara ser alguien diferente.

Piense sobre su combinación única de habilidades, los recursos disponibles a su alcance, su historia personal, y las oportunidades a su alrededor. Si identifica esos factores objetivamente y descubre el deseo de su corazón, habrá avanzado mucho para descubrir su propósito en la vida.

¿Creo en mi potencial? Usted no puede actuar coherentemente en una manera incongruente con la forma en la que se ve a sí mismo. Si no cree que tiene potencial, nunca va a intentar alcanzarlo. Y si no está dispuesto a trabajar para lograrlo, nunca será exitoso.

Debería tomar el consejo del presidente Teodoro Roosevelt, quien dijo: «Haga lo que pueda, con lo que tenga, donde esté». Si hace eso con los ojos fijos en el propósito de su vida, ¿que más se puede esperar de usted?

¿Cuándo inicio? Algunas personas viven sus vidas día a día permitiendo que otros dicten lo que hacen y cómo lo hacen, nunca tratan de descubrir su verdadero propósito en la vida. Otros lo saben, mas nunca actúan, pues están esperando a tener la inspiración, o el permiso, o alguna invitación para iniciar. Si esperan mucho, nunca iniciarán. Por lo tanto la respuesta a la pregunta «¿Cuándo inicio?» es AHORA.

Desarrollarse hasta alcanzar su potencial

El novelista H. G. Wells decía que la riqueza, la notoriedad, el lugar y el poder no son las medidas del éxito. La única medida verdadera del éxito es la proporción entre lo que pudimos haber sido y aquello en lo que nos hemos convertido. En otras palabras, el éxito viene como el resultado de desarrollarnos hasta alcanzar nuestro potencial.

Se ha dicho que ese es el regalo de Dios para nosotros, y que lo que hacemos con ello es nuestro regalo a Él, pero al mismo tiempo, nuestro potencial es posiblemente nuestro más grande recurso sin usar. Henry Ford observó: «No hay hombre vivo que no sea capaz de hacer más de lo que cree que puede».

Tenemos potencial casi ilimitado, sin embargo muy pocos intentan alcanzarlo. ¿Por qué? La respuesta esta aquí: podemos hacer *lo que sea,* pero no podemos hacer *todo.* Mucha gente permite que los que les rodean decidan su agenda en la vida. Como resultado, nunca se dedican a *su* propósito en la vida. Se convierten en aprendices de todo, pero en maestros de nada, en lugar de enfocarse en una sola cosa.

Si esto lo describe más de lo que desearía, usted está listo probablemente para tomar los pasos para cambiar. Aquí hay cuatro principios para ponerlo en el camino hacia desarrollarse hasta alcanzar su potencial:

1. Concéntrese en una meta principal

Nadie alcanzó nunca su potencial al moverse en veinte direcciones diferentes. Alcanzar su potencial requiere enfoque. Es por eso que es tan importante que descubra su propósito. Una vez que ha decidido en qué enfocar su atención, deberá decidir lo que va a abandonar para lograrlo. Y esto es crucial pues no puede haber éxito sin sacrificio. Los dos van de la mano. Si desea lograr poco, sacrifique poco. Pero si desea lograr grandes cosas, esté dispuesto a sacrificar mucho.

2. Concéntrese en un mejoramiento continuo

Una vez se le preguntó a David D. Glass, director general de las tiendas Wal-Mart, a quién admiraba más. Su respuesta fue el fundador de Wal-Mart, Sam Walton. Él dijo: «Nunca ha habido un día en su vida, desde que lo conozco, que no mejorara de alguna manera».

Compromiso hacia un mejoramiento continuo es la clave para alcanzar su potencial y ser exitoso. Cada día usted puede convertirse en algo mejor a lo que era ayer. Esto lo acerca a su potencial, y también verá que lo que *obtiene* como resultado de su crecimiento no es tan importante como aquello en lo que se *convierte* en el camino.

3. Olvide el pasado

Mi amigo Jack Hayford, pastor fundador de la Iglesia en el Camino en Van Nuys, California, comentó: «El pasado es un asunto muerto, y no podemos ganar impulso al caminar hacia el mañana si seguimos arrastrando el pasado». Desafortunadamente esto es lo que mucha gente hace; arrastrar el pasado con ellos a donde van y como resultado, no progresan.

Me gusta la actitud de Cyrus Curtis quien alguna vez fue dueño del *Saturday Evening Post.* Él tenía un letrero colgado en su oficina que anunciaba: «Ayer terminó anoche». Era la manera de recordarse a sí mismo y a sus empleados que el pasado había terminado, y que deberíamos mirar hacia adelante, no hacia atrás.

Tal vez ha cometido muchos errores en su vida, o ha

tenido un pasado especialmente difícil con muchos obstáculos. Ábrase camino y continúe, no permita que esto le impida alcanzar su potencial.

Si necesita inspiración, piense en otras personas que superaron obstáculos de dificultad semejante, como Broker T. Washington. Él nació en esclavitud y se le negó acceso a los recursos disponibles a la sociedad blanca, pero nunca permitió que esto le impidiera lograr su potencial. Él fundó el Instituto Tuskegee y la Liga Nacional de Negocios de Personas de Color. Él dijo: «He aprendido que el éxito se mide no tanto por el puesto que uno ha alcanzado en la vida, sino por los obstáculos que uno ha superado al tratar de tener éxito».

Piense en Helen Keller, quien perdió la vista y oído a los diecinueve meses de edad. Ella superó sus desventajas, se graduó del colegio Radcliffe y se convirtió en autora, oradora sobresaliente, y paladina entre la gente ciega.

Piense en Franklin Delano Roosevelt. En 1921, a la edad de treinta y nueve años tuvo un caso severo de poliomielitis, que lo dejó minusválido y con dolores terribles. Él nunca caminó de nuevo sin ayuda, pero no permitió que esto le impidiera alcanzar su potencial. Ocho años después, se convirtió en gobernador de Nueva York, y en 1932 fue elegido presidente de Estados Unidos.

Sin duda puede pensar en otros que han superado tragedias o errores del pasado para lograr su potencial; puede conocer a algunas personas que pelearon contra la adversidad para ser exitosas. Permítales inspirarlo. No importa lo que haya sucedido en el pasado, usted tiene el *potencial* de superarlo.

4. Enfóquese en el futuro

Yogi Berra, quien está en el Salón de la Fama del béisbol dijo: «El futuro no es lo que solía ser». A pesar de que puede ser cierto, es aún el único lugar a donde tenemos que ir. Su potencial está por delante, ya sea que tenga ocho, dieciocho, cuarenta y ocho u ochenta años de edad. Usted tiene manera de mejorar, puede ser mejor mañana comparado con hoy. Como el proverbio español dice: «El que no ve hacia adelante, se queda atrás».

Plantando semillas que benefician a los demás

Cuando conoce su propósito en la vida y está creciendo para alcanzar su potencial máximo, usted está en camino al éxito. No obstante, hay una parte esencial en el camino: ayudar a los demás. Sin ese aspecto, el camino puede ser una experiencia solitaria y superficial.

Se ha dicho que sobrevivimos de lo que ganamos, pero que vivimos por lo que damos. El médico, teólogo y filósofo Albert Schweitzer lo dijo de una manera más directa: «El propósito de la vida humana ese servir, y mostrar compasión y el deseo de ayudar a otros». Para él, el camino a lograr su propósito lo llevó a África, donde ayudó a gente durante muchos años.

Para usted, plantar semillas que beneficien a los demás probablemente no signifique viajar a otro país para servir a los pobres, a menos que sea el propósito por el que nació (y si lo es, no estará satisfecho hasta que lo esté haciendo). Sin embargo, si es como la mayoría de la gente, ayudar a otros es algo que puede hacer justo aquí en casa, si se trata de pasar mas tiempo con su familia, ayudar al desarrollo de un empleado que muestra potencial, ayudar a la gente en la comunidad, o poner sus deseos en pausa por el bienestar de su equipo de trabajo. La clave es encontrar su propósito y ayudar a los demás mientras lo logra. El comediante Danny Thomas insistía en que «todos nacemos por una razón, pero no todos descubrimos por qué. El éxito en la vida no tiene nada que ver con lo que se gana en la vida o lo que logra uno mismo. Es lo que hace por otros».

El camino al éxito no se verá igual para todos porque la imagen del éxito es distinta para cada persona, pero los principios usados para tomar el camino no cambian. Se pueden usar en casa, en la escuela, en la oficina, en el campo de juegos, y en la iglesia. Eso es de lo que trata el resto de este libro, los principios que pueden ayudarle a conocer su propósito, alcanzar su potencial, y plantar semillas que beneficien a los demás. No importa dónde esté usted ahora, puede aprender y aplicar estas ideas, puede ser exitoso hoy.

2

¿En qué dirección debo ir?

Usted nunca irá más allá del lugar donde sus sueños lo lleven.

Si vive en un pueblo cerca del océano, tal vez ha visto anuncios para «cruceros hacia ningún destino». Tal vez ya ha ido en uno, la gente se sube a un crucero y cuando dejan el muelle, en lugar de dirigirse a una isla paradisíaca o un lugar exótico, van al mar y viajan en círculos por un par de días. Mientras tanto, disfrutan comidas maravillosas, descansan alrededor de la alberca, disfrutan los espectáculos y participan en actividades a bordo, es similar a registrarse en un hotel lujoso.

El problema para muchas personas es que sus vidas se parecen demasiado a esos cruceros, están en un viaje sin destino, sin ruta. Están en un compás de espera, y ocupan su tiempo en disfrutar de placeres o participando en actividades que no tienen un beneficio a largo plazo. Mientras tanto, viajan en círculos; al final, no terminan mejor de como empezaron. Un crucero a ningún destino puede ser una manera de ocupar unos cuantos días de vacaciones, pero no la manera de pasar su vida.

Como mencioné antes, el éxito es un viaje. No se convierte en alguien exitoso cuando llega a un lugar en particular o cuando cumple cierta meta. Pero eso no significa que deba viajar sin identificar un destino; no puede realizar su propósito y desarrollarse hasta alcanzar su potencial si no sabe en qué dirección debe ir. Necesita identificar y navegar hacia su destino. En otras palabras, necesita descubrir su sueño.

El poder de un sueño

Yo creo que cada uno de nosotros tiene un sueño en el corazón. No hablo de desear ganar la lotería, ese tipo de idea viene de un deseo de escapar nuestras circunstancias presentes, no de cumplir un sueño verdadero. Estoy hablando de una visión profunda que habla al alma misma. Este es el tipo de cosa para la que nacimos, se basa en nuestros talentos y dones; es atractiva para nuestros ideales más grandes, enciende nuestro sentido de destino. Está ligada fuertemente a nuestro propósito en la vida. El sueño nos pone en marcha en este camino al éxito.

Cuando busco el nombre de una persona que identificó y vivió su sueño, pienso en el pionero de la industria automotriz y visionario Henry Ford. Él dijo: «El secreto de una vida exitosa es encontrar lo que estamos destinados a hacer, y hacerlo».

El sueño de Ford surgió de su interés en la mecánica. Desde su niñez tuvo una pasión por estudiar y jugar con maquinaria, aprendió de manera autodidacta sobre motores de vapor, relojes y motores de combustión, viajó por el país haciendo reparaciones gratuitas, sólo para acercarse a las máquinas. Se convirtió en mecánico y relojero, también trabajó como ingeniero nocturno en la Compañía Edison de Detroit.

Ford se intrigó con la idea de los automóviles, y dedicó cada vez más de su atención a ello. En 1896 construyó su primer automóvil en un pequeño cuarto detrás de su casa. Después de eso, continuó pensando cómo mejorar sus esfuerzos, y estudió el trabajo de otros constructores de automóviles, incluyendo el de Ransom E. Olds, quien manufacturó el primer Oldsmobile en 1900.

De su amor por la maquinaria y la intriga por los automóviles, nació el sueño de Ford: la creación de un automóvil producido en masa y barato. Hasta entonces, los nuevos carruajes sin caballos habían sido un artículo caro y de lujo, disponible solamente para los ricos. Ford estaba determinado a poner el automóvil al alcance de la persona común. En 1899 ayudó a formar la Compañía Automotriz de Detroit, pero cuando sus compañeros organizadores no aprobaron la idea de manufacturar su producto de manera barata para venderlo a las masas, él dejo la compañía. Sin embargo, continuó su sueño y sus esfuerzos finalmente pagaron, en 1903 organizó la Compañía Automotriz Ford e inició la producción del Modelo T. El primer año su compañía produjo un poco menos de 6,000 autos, ocho años más tarde, produjeron más de 500,000 y lograron reducir el precio inicial de $850 a sólo $360. El sueño de Ford se convirtió en realidad.

Ford ha sido llamado un genio y se le ha acreditado con el nacimiento de la línea de producción y la producción en masa. Sin importar por lo que él optara, su más grande recurso fue su sueño y su voluntad de consagrarse a ello.

Un sueño hace muchas cosas por nosotros:

Un sueño nos da dirección

¿Alguna vez ha conocido a una persona que no sabía qué quería hacer en la vida, y sin embargo era exitosa? Yo tampoco. Todos necesitamos algo por lo que valga la pena luchar. Un sueño nos da eso. Actúa como una brújula, diciéndonos en qué dirección debemos viajar. Y hasta que identifiquemos correctamente dicha dirección, no sabremos con seguridad si nuestros movimientos nos ayudan a progresar. Nuestras acciones nos pueden hacer retroceder en lugar de adelantar. Si usted se mueve en *cualquier* dirección diferente a la de sus sueños, perderá las oportunidades necesarias para ser exitoso.

Un sueño incrementa nuestro potencial

Sin un sueño, es difícil ver el potencial que tenemos porque no vemos más allá de nuestras propias circunstancias. Pero con un sueño, empezamos a vernos a través de una nueva luz, con mayor potencial y con la capacidad de esforzarnos y crecer hasta alcanzarlo. Cada oportunidad que tenemos, cada recurso que descubrimos, cada talento que desarrollamos se convierte en parte de nuestro potencial para lograr dicho sueño. Entre más grande el sueño, más grande el potencial. E. Paul Hovey dijo: «El mundo de un hombre ciego está rodeado por los límites de su sentido del tacto; el de un hombre ignorante por los límites de su conocimiento; los de un gran hombre, por los límites de su visión». Si su visión, su sueño, es grandioso, también lo es su potencial para el éxito.

Un sueño nos ayuda a priorizar

Un sueño nos da esperanza para el futuro, y también nos da poder en el presente, nos ayuda a priorizar todo lo que hacemos. Una persona que tiene un sueño sabe a qué está dispuesta a renunciar para lograrlo; es capaz de medir todo lo que hace de acuerdo a si contribuye o no al sueño, concentrando su atención en las cosas que le llevan más cerca de él y dando menos atención a todo lo que no.

Irónicamente, muchas personas hacen exactamente lo opuesto, en lugar de enfocarse en su gran sueño y dejar ir las cosas menos importantes, desean mantener todas las opciones abiertas, pero cuando lo hacen, encaran más problemas porque tomar decisiones se torna muy complicado para ellas. Son como un artista que gira platos, tal vez ha visto uno de esos actos en un programa viejo de variedad de televisión como el *Show de Ed Sullivan.* El artista pone un plato encima de una vara larga, delgada y lo gira. Mientras el plato está girando, se balancea en la punta de la vara; entonces el artista pone la vara en un dispositivo para que se mantenga en la otra punta, hace lo mismo con otra vara y plato, y otra... continúa agregando platos hasta que tiene muchos girando. Mientras continúa, para ocasionalmente, corre de regreso y ayuda a girar los platos anteriores para que no se caigan.

Un artista que es realmente bueno en esto puede tener algunos platos girando muy rápido al principio. Mientras el tiempo corre, incluso los mejores tienen dificultad para progresar agregando nuevos platos porque pasan todo el tiempo regresando a los platos que giraban anteriormente. Hacer que el último plato gire por lo regular toma mucho tiempo.

Mantener todas las opciones abiertas es como esto, al principio es divertido tener tantas. Parece ser una excelente idea. Pero conforme el tiempo transcurre, no puede progresar porque pasa todo su tiempo manteniendo las opciones en lugar de avanzar.

Cuando usted tiene un sueño, no tiene ese problema. Puede pasar su tiempo y energía solamente en los «platos» que lo lleven más cerca de su sueño. Puede permitir que todos los demás dejen de girar y se estrellen en el piso, no son importantes. Ese conocimiento le permite liberar su tiempo para concentrarse en las cosas que marcan la diferencia, y lo mantiene en el camino correcto.

Un sueño agrega valor a nuestro trabajo

Un sueño pone todo lo que hacemos en perspectiva. Incluso las tareas que no son emocionantes ni gratificantes instantáneamente van asumiendo más valor ya que sabemos que contribuirán finalmente a lograr un sueño. Cada actividad se convierte en una pieza importante en ese gran panorama. Me recuerda la historia de un reportero que habló con tres trabajadores de la construcción que vaciaban concreto en un sitio en edificación:

—¿Qué está haciendo? —le pregunto al primer trabajador.

—Estoy ganándome un cheque, —respondió quejándose.

El reportero le hizo la misma pregunta al segundo trabajador, quien viendo sobre su hombro le dijo:

—¿Qué parece que estoy haciendo? Estoy vaciando el concreto.

Entonces notó que había un tercer hombre sonriendo y silbando mientras trabajaba.

—¿Qué esta haciendo? —preguntó al tercer trabajador.

Él detuvo lo que estaba haciendo y con emoción dijo:

—Estoy construyendo un albergue para los que no tienen casa. —Se limpió sus manos en una tela limpia y dijo— Mire, ahí es donde estará la cocina. Y por ahí estará el dormitorio de mujeres. Aquí…

Cada hombre estaba haciendo el mismo trabajo, pero sólo el tercero estaba motivado por una visión más grande. El trabajo que hizo estaba logrando un sueño, y agregó valor a todos sus esfuerzos.

Vince Lombardi dijo: «Creo firmemente que el mejor momento de cualquier hombre, el mayor logro de todos los que él valora, es aquel en el que se ha esforzado de corazón por una buena causa y está exhausto en el campo de batalla, victorioso». Un sueño da la perspectiva que hace ese tipo de esfuerzo posible.

UN SUEÑO PREDICE NUESTRO FUTURO

Katherine Logan dijo: «Una visión indica lo que puede ser nuestro. Es una invitación para hacer algo. Con una gran imagen mental vamos de un logro a otro, usando los materiales que tenemos sólo como base para lo que será mayor, mejor y más satisfactorio. De esta manera nos convertimos en poseedores de los valores invisibles que serán eternos».

Cuando tenemos un sueño, no sólo somos espectadores esperando que todo salga bien, estamos tomando una parte activa en delinear el propósito y significado de nuestras vidas. Los vientos de cambio no nos arrastran sencillamente de aquí para allá. Nuestro sueño, cuando se persigue, es lo que predice nuestro futuro. Eso no significa que tenemos garantía alguna, pero sí incrementa nuestras posibilidades de éxito dramáticamente.

¿A DÓNDE LE LLEVARÁ SU SUEÑO?

Atrévase a soñar y lleve a cabo ese sueño, hágalo a pesar de los problemas, circunstancias y obstáculos. La historia está llena de hombres y mujeres que encararon adversidades y lograron el éxito a pesar de todo. Por ejemplo, el orador griego Demóstenes ¡tartamudeaba! La primera vez que intentó dar un discurso en público, todos se burlaron de él. Pero tenía el sueño de ser un orador notable, así que persiguió su sueño y alcanzó su potencial. Se dice que solía poner piedritas en su boca y practicaba hablando sobre el sonido de las olas en la orilla del mar. Su persistencia dio resultado. Vivió su sueño: se convirtió en el mejor orador del mundo antiguo.

Otros se atrevieron a soñar y se convirtieron en exitosos: Napoleón, a pesar de proceder de una familia humilde se convirtió en emperador; Beethoven le dio vida a su visión de la música cuando compuso sinfonías, incluso después de perder el sentido del oído; Charles Dickens soñó en convertirse en escritor y se convirtió en el novelista más leído en la Inglaterra de la época victoriana, a pesar de haber nacido en la pobreza.

Oliver Wendell Colmes dijo: «Lo más importante en este mundo no es dónde estamos, sino en qué dirección nos movemos». Esta también es una de las grandes cosas sobre tener un sueño. Usted puede perseguir el suyo sin importar en donde esté hoy. Y lo que sucedió en el pasado no es tan importante como lo que depara el futuro. Como dice el refrán: «Sin importar cómo fue el pasado de una persona, su futuro es impecable». ¡Usted puede empezar a perseguir su sueño hoy!

3

¿Qué papel juega el fracaso en el éxito?

Usted nunca tendrá éxito a menos que esté dispuesto a fallar.

Demasiada gente cree que el proceso para llegar al éxito es fácil. El gran inventor estadounidense Thomas A. Edison notó esa actitud en las personas, y así es como respondió a esto:

> Fallar es realmente cuestión de percepción. La gente no trabaja duro porque, en su opinión, imagina que tendrá éxito sin esforzarse alguna vez. La mayoría de ella cree que se despertará algún día y será millonaria. De hecho, tiene la mitad bien, porque eventualmente sí despertará.

Cada uno de nosotros tiene que tomar una decisión: ¿vamos a dormir durante la vida, evitando fallar a toda costa? o vamos a despertar y darnos cuenta de que: fallar es sencillamente un precio que pagamos para alcanzar al éxito.

EL FRACASO NO ES. . .

Si puede cambiar su perspectiva ante el fracaso, eso le ayudará a perseverar, y finalmente a lograr sus deseos. ¿Entonces cómo debe juzgarlo? Al observar siete cosas que el fracaso *no es:*

1. LA GENTE CREE QUE EL FRACASO ES EVITABLE... NO LO ES

Todos fracasan, yerran y cometen errores. Usted ha escuchado el dicho: «Errar es de humanos, y perdonar es divino». Alexander Pope escribió eso hace más de 250 años, y solamente estaba parafraseando un dicho que era común dos mil años atrás, en el tiempo de los romanos. Las cosas hoy son igual que entonces: si usted es un ser humano, va a cometer errores.

Probablemente está familiarizado con la Ley de Murphy y el Principio de Peter. Recientemente aprendí algo llamado «Reglas para ser humano». Pienso que describe bien el estado en que estamos como personas:

Regla No. 1. Aprenderá lecciones.

Regla No. 2. No hay errores, sólo lecciones.

Regla No. 3. Una lección se repite hasta que se aprende.

Regla No. 4. Si no aprende las lecciones fáciles, se hacen más *difíciles*. (El dolor es una manera en la que el universo llama su atención).

Regla No. 5. Sabrá que ha aprendido una lección cuando sus acciones cambien.

Como puede ver, el escritor Norman Cousins estaba en lo correcto cuando dijo: «La esencia del hombre es la imperfección». Así que debe saber que va a cometer errores.

2. LA GENTE CREE QUE EL FRACASO ES UN EVENTO... NO LO ES

Cuando era joven pensaba que el éxito y el fracaso llegaban en un momento. El mejor ejemplo en el que puedo pensar es presentar un examen. Si uno obtenía una F significaba que había fallado, pero me di cuenta que ese fracaso es un proceso. Si reprueba un examen, no significa que sólo falló ante un evento singular. La F muestra que descuidó el proceso que le llevó a dicho examen.

El fracaso es como el éxito, no es un lugar al que se llega. Así como el éxito no es un evento único, tampoco lo es el fracaso. Ambos son el resultado de cómo usted trata con la vida todo el tiempo. En realidad nadie puede concluir que alguien ha fallado hasta que dé su último respiro. Hasta entonces, estará aún en el proceso y no se puede emitir un dictamen todavía.

3. La gente cree que el fracaso es objetivo... no lo es

Cuando yerra, ya sea que falle en el cálculo de cifras decisivas, no cumpla con una fecha límite, no cierre un trato, no haga una buena elección para sus hijos, o mande todo a volar, ¿qué determina que esa acción haya sido un fracaso? ¿Ve el tamaño del problema que causa o la cantidad de dinero que le costó a usted o a su organización? ¿Lo determina por la cantidad de presión que tiene que tolerar de su jefe o por la crítica de sus colegas? No. El fracaso no se determina de esa manera, la respuesta verdadera es que *usted* es la única persona que en realidad puede etiquetar lo que hace como un fracaso. Es subjetivo. Su percepción y respuesta a sus errores determina si sus acciones son un fracaso.

¿Sabía que los emprendedores casi nunca tienen éxito con su primer negocio? ¿O el segundo? ¿O el tercero? De acuerdo con la profesora de negocios Lisa Amos de la Universidad de Tulane, el emprendedor promedio experimenta 3.8 fracasos antes de tener éxito en los negocios. No son ahuyentados por los problemas, errores, o fallas. ¿Por qué? Porque no ven los obstáculos como fracasos, reconocen que tres pasos hacia delante y dos hacia atrás *aún* significan un paso hacia adelante. Y como resultado, logran superar al promedio y se convierten en triunfadores.

4. La gente cree que el fracaso es el enemigo... no lo es

La mayoría de la gente trata de evitar el fracaso como una plaga, le tiene miedo, pero se requiere de la adversidad para lograr el éxito. El entrenador de basquetbol Rick Pitino asegura de una manera más firme: «Fracasar es bueno», dice. «Es un fertilizante. Todo lo que he aprendido sobre entrenar, lo he aprendido al cometer errores».

La gente que ve el fracaso como el enemigo, son cautivos de aquellos que lo conquistan. Herbert V. Brocknow cree que «el que nunca comete errores, recibe sus órdenes del que los comete». Observe a cualquier persona notablemente exitosa, y descubrirá a alguien que no ve al error como enemigo. Esto es cierto en cualquier ámbito. Como la musicóloga Eloise Ristad dijo: «Cuando nos damos permiso de fallar, al mismo tiempo nos permitimos ser excelentes».

5. La gente cree que el fracaso es irreversible... no lo es

Hay un dicho antiguo en Texas: «No importa qué tanta leche tires, mientras no pierdas a tu vaca». En otras palabras, los errores no son irreversibles. Mantenga todo en perspectiva, los problemas vienen cuando uno ve la leche tirada y no el panorama completo. La gente que ve el fracaso correctamente, lo toma en perspectiva.

Los errores no los hacen querer darse por vencidos.
El éxito no los hace pensar que han terminado.

Cada evento, bueno o malo, es sólo un pequeño paso en el proceso de vivir. O como Tom Peters dice: «Si no se hicieran cosas tontas, las cosas inteligentes nunca sucederían».

6. La gente cree que el fracaso es un estigma... no lo es

Los errores no son marcas permanentes. Me encanta la perspectiva del senador Sam Ervin Jr., quien enfatizó: «La derrota puede servir tanto como la victoria para tocar el alma y provocar que la gloria se manifieste». Esa es la forma en la que debemos ver el fracaso.

Cuando cometa errores, no permita que lo aflijan. Y no se permita pensar que son un estigma, haga de cada fracaso un paso hacia el éxito.

7. La gente cree que el fracaso es definitivo... no lo es

Incluso lo que pudiera parecer ser un gran fracaso no necesita detenerlo para lograr las cosas. Vea la historia de Sergio Zyman, quien fue la mente maestra detrás de la Nueva Coca Cola, algo que el consultor de mercadeo Robert McMath ve como uno de los más grandes fracasos de un producto de todos los tiempos.[1] Zyman, quien introdujo exitosamente la Coca Cola de dieta [Diet Coke], creía que Coca Cola necesitaba actuar audazmente para revertir los veinte años de descenso en el mercado contra su rival Pepsi. Su solución fue dejar de ofrecer la bebida que había sido popular por casi cien años, cambiar la fórmula y ofrecerla como la Nueva Coca Cola. El movimiento fue una falla abismal que tomó setenta y nueve días y costó a la compañía casi $100 millones. La gente odió la Nueva Coca Cola, lo que causó que Zyman dejara la compañía.

Pero los problemas de Zyman con la Nueva Coca Cola no lo detuvieron. De hecho, él no los ve como un fracaso, ya que años más tarde cuando le preguntaron si había sido un error, Zyman respondió:

—No, rotundamente.

—¿Una falla?

—No.

—¿Un error garrafal, un paso en falso, una quiebra?

—Otra palabra entre quiebra y algo más, —responde—. Ahora si usted me dice «la estrategia en la que ustedes se embarcaron no funcionó», yo diré: «Por supuesto, no funcionó en lo absoluto, pero la totalidad de la acción resultó ser positiva».

Al final, el regreso de Coca Cola Clásica hizo a la compañía más fuerte. La asesoría de Zyman fue confirmada por Roberto Goizueta, el presidente y director general de la

Compañía Coca Cola. Él volvió a contratar a Zyman en Coca Cola en 1993.

—Juzgue los resultados, —dijo Goizueta—. Nos pagan por producir resultados. No nos pagan por estar en lo correcto.[2]

ACEPTE EL FRACASO

¿Cómo puede ayudarse a aprender una nueva definición de fracaso y desarrollar una perspectiva diferente respecto a este y al éxito? Cometiendo errores. Check Braun de Idea Connection Systems, motiva a la gente en entrenamiento a pensar diferente a través del uso de una cuota de errores. Le da a cada alumno una cuota de treinta errores que pueden cometer para cada sesión de entrenamiento. ¿Y si un estudiante usa los treinta? Recibe otros treinta. Como resultado, el estudiante se relaja, piensa en los errores de una manera diferente, y empieza a aprender.

Mientras se acerca al siguiente gran proyecto o tarea, asígnese un cociente razonable de errores. ¿Cuántos errores espera lograr? ¿Veinte? ¿Cincuenta? ¿Noventa? Asígnese una cuota y trate de llegar a ella antes de completar la tarea. Recuerde, los errores no definen el fracaso. Son simplemente el precio del logro en el camino hacia el éxito.

4

¿CÓMO INICIO?

El primer paso hacia el éxito es manejarse a sí mismo de manera excepcional.

¿Ha trabajado con gente que no se conduce bien? A menudo pensamos que liderar la propia persona es tomar decisiones correctas cada día, cuando la realidad es que necesitamos tomar algunas decisiones críticas en áreas importantes de la vida y después administrar esas decisiones cotidianamente.

Aquí hay un ejemplo clásico de lo que trato de decir. ¿Alguna vez ha hecho como propósito de año nuevo hacer ejercicio? Probablemente ya sabe que el ejercicio es importante. Tomar una decisión para hacerlo tampoco es tan difícil, pero tomar la decisión, y darle seguimiento, es mucho más difícil. Digamos que, por ejemplo, contrata una membresía en un gimnasio la primera semana de enero. Cuando la consiguió, estaba emocionado; pero la primera vez que fue al gimnasio había mucha gente, había tantos carros que un policía dirigía el tráfico. Maneja por quince minutos, y finalmente encuentra un lugar para estacionarse, a cuatro cuadras. Está bien, usted está ahí para hacer ejercicio, así que camina al gimnasio.

Entonces, cuando está en el edificio tiene que esperar hasta para entrar a los vestidores, sin embargo piensa: *está bien, quiero ponerme en forma. Esto será excelente.* Piensa eso hasta que se cambia y descubre que todas las máquinas están siendo usadas. Una vez más tiene que esperar. Finalmente consigue una máquina, no es la que deseaba, pero bueno, la toma y hace ejercicio durante veinte minutos. Cuando ve la línea para usar las regaderas, decide brincarla, toma su ropa y se cambia en casa.

En su camino hacia fuera, ve a la administradora del club, y decide quejarse de las multitudes. Ella le explica: «No se preocupe. Vuelva en tres semanas y tendrá el lugar más cercano de estacionamiento y sus máquinas favoritas. Porque para entonces, noventa y ocho por ciento de las personas que se inscribieron ¡habrán abandonado la membresía!».

Una cosa es decidir hacer ejercicio, otra es hacerlo realmente. Conforme los demás renuncian, tendrá que decidir si renunciará al poco tiempo como ellos o si continúa. Y esto requiere saberse administrar.

LO QUE LOS EXITOSOS DEBEN ADMINISTRAR RESPECTO A SÍ MISMOS

Si desea ser exitoso y obtener credibilidad ante su jefe y otros, enfóquese en cuidar estas siete áreas:

1. ADMINISTRE SUS EMOCIONES

Una vez escuché que la gente con problemas emocionales son 144% más propensos a tener accidentes automovilísticos que aquellos que no los tienen. El mismo estudio encontró que una de cada cinco víctimas de accidentes fatales había afrontado una pelea con otra persona durante las seis horas previas al accidente.

Es importante que todos manejen sus emociones, a nadie le gusta pasar tiempo cerca de una bomba de tiempo emocional que pueda estallar en cualquier momento. Los líderes y otras personas exitosas saben cuándo mostrar sus emociones y cuando aplazarlas. Algunas veces las muestran para que sus compañeros de equipo puedan sentir lo que ellos sienten; esto los confunde. ¿Es eso manipulador? No lo creo, mientras que la persona lo haga por el bienestar del equipo y no por su propio beneficio. Puesto que los líderes ven más que los demás y perciben el futuro, a menudo sienten las emociones primero. Al permitir que el equipo sepa cómo se siente uno, les ayuda a ver lo que está observando.

En otras ocasiones los líderes tienen que mantener sus emociones bajo control. En su libro *American Soldier* [Soldado americano], el general Tommy Franks escribió sobre un incidente devastador que ocurrió en Vietnam cuando era un oficial y el ejemplo que le dio en esta área el teniente coronel Eric Antilla, quien colocó a los hombres que comandaba por encima de sus necesidades emocionales:

> Yo estudié los ojos de Eric Antilla. Sabía que estaba angustiado, pero nunca lo mostró. Estábamos en guerra, él estaba comandando tropas en combate y su tranquila determinación al enfrentar esta catástrofe nos dio fortaleza a todos. En su momento él se afligiría, pero por ahora era como una roca. En la guerra es necesario que los comandantes sean capaces de retrasar la demostración de sus emociones tanto como sea posible.[1]

Cuando digo que la gente exitosa debería retrasar la exteriorización de sus emociones, no sugiero que las nieguen o entierren. La clave al manejar emociones es que debe poner a los demás primero, (no a sí mismo) en cómo las maneja y las procesa. Ya sea que manifieste sus emociones antes o después, no debería ser para gratificación propia; usted debería preguntarse *¿Qué necesita el equipo?* y no *¿Qué me hará sentir mejor?*

2. ADMINISTRE SU TIEMPO

Los asuntos de administración del tiempo son difíciles, pero son especialmente difíciles para la gente que no está ni en la cima ni en los rangos más bajos de la organización. Los líderes en la cima pueden delegar; los trabajadores de rangos bajos por lo regular registran su tiempo, se les paga una tarifa por hora, y hacen lo que pueden dentro de su horario. Es la gente que queda en medio, la que trata de ser exitosa, de la que se espera que trabaje largas horas para terminar el trabajo. Debido a eso, necesitan administrar bien su tiempo.

El tiempo es valioso. El psiquiatra y autor M. Scout Peck dijo: «Hasta que usted se valore a sí mismo, no valorará su tiempo. Hasta que valore su tiempo, no hará nada con él». En *What to Do Between Birth and Death* [Qué hacer entre el nacimiento y la muerte] (Wm. Morrow & Co., 1992), Charles Spezzano dice que la gente no paga por las cosas con dinero, las paga con tiempo. Si se dice a sí mismo: *En cinco años, habré ahorrado suficiente para comprar la casa de vacaciones,* lo que en realidad está diciendo es que la casa le costará cinco años, una doceava parte de su vida adulta. «La frase *pasando el tiempo* no es una metáfora», dijo Spezzano «Es como funciona la vida».

En lugar de pensar lo que va a hacer y comprar en términos de dinero, piense en ello en términos de tiempo. Piénselo. ¿En qué vale la pena pasar su vida? Ver su trabajo

bajo esa luz sólo puede cambiar la manera en que administra su tiempo.

3. ADMINISTRE SUS PRIORIDADES

La mayoría de la gente es generalista. Sabe mucho sobre muchas cosas, sin embargo, la mayoría de los individuos exitosos son altamente enfocados. El viejo proverbio es verdad: si persigue dos conejos, ambos escaparán. Entonces ¿qué deberá hacer? Deberá tratar de llegar al punto en que puede administrar sus prioridades y su tiempo en esta manera:

80% del tiempo: trabaje en lo que sea su fuerte.
15% del tiempo: trabaje en lo que está aprendiendo.
5% del tiempo: trabaje en otras áreas necesarias.

Puede que esto no sea fácil, pero es lo que debe buscar. Si tiene gente trabajando para usted, trate de darles las cosas para las cuales no es muy bueno, pero ellos sí lo son. Si es posible, cambie algunas actividades con sus colegas, para que cada uno de ustedes trabaje en su área de fortaleza. Recuerde, la única manera de ascender de la mitad es cambiar gradualmente de generalista a especialista, de alguien que hace muchas cosas bien a alguien que se enfoca en pocas cosas y las hace excepcionalmente bien.

El secreto de hacer el cambio es a menudo la disciplina. En *Empresas que sobresalen*, Jim Collins escribió:

> La mayoría de nosotros llevamos vidas ocupadas, pero sin disciplina. Tenemos listas de cosas por hacer que continúan creciendo, tratando de crear un impulso al hacer, hacer, hacer (y hacer más). Esto rara vez funciona. Sin embargo, aquellos que hacen que las buenas compañías sean excelentes, usaron tanto las listas de «dejar de hacer» como las de hacer. Manifestaron una cantidad enorme de disciplina al quitar todo tipo de basura extraña.[2]

Usted debe ser muy despiadado en su juicio sobre lo que debe o no hacer. Sólo porque le guste hacer algo no significa que deba quedarse en su lista de cosas que hacer. Si es una fortaleza, hágalo. Si le ayuda a crecer, hágalo. Si su líder dice que lo debe hacer personalmente, hágalo. Cualquier otra cosa es un candidato para la lista de cosas por dejar de hacer.

4. Administre su energía

Algunas personas tienen que racionar su energía de manera que no se les termine. Hasta hace algunos años yo no era así. Cuando la gente me preguntaba cómo lograba hacer tantas cosas, mi respuesta siempre fue: «mucha energía, bajo CI». Desde que era un niño, siempre estaba haciendo cosas. Tenía seis años cuando me di cuenta que mi nombre no era «tranquilízate».

Ahora que tengo más de sesenta, debo de poner atención a mi nivel de energía. En *Piense para obtener un cambio*, comparto una de mis estrategias para administrar mi energía. Cuando veo el calendario cada mañana, me pregunto: *¿Cuál es el evento principal?* esa es una cosa a la que no puedo darle menos que mi mejor atención. Esa cosa puede ser para mi familia, empleados, amigos, editor, el patrocinador de un evento de oratoria o mi tiempo para escribir. Siempre me aseguro de tener energía para hacerlo con enfoque y excelencia.

Incluso la gente con un alto nivel de energía puede quedarse sin ella en situaciones difíciles. He observado que líderes en los rangos medios de la organización tienen que lidiar a menudo con lo que llamo el «ABC de las fugas de energía».

Actividad sin dirección: hacer cosas que parecen no ser importantes.

Bastante carga sin acción: no ser capaz de hacer las cosas que en realidad importan.

Conflicto sin resolución: no ser capaz de lidiar con lo que importa.

Si ve que está en una organización donde a menudo debe lidiar con estos abecés, entonces tendrá que trabajar extra para administrar su nivel de energía. Eso o tendrá que buscar un nuevo lugar para trabajar.

5. ADMINISTRE SUS PENSAMIENTOS

El poeta y novelista James Joyce dijo: «Tu mente te dará exactamente lo que pongas en ella». El gran enemigo del buen pensamiento es estar ocupado. Si usted ve que el ritmo de vida requiere mucho como para que se detenga y piense durante su día, entonces adopte el hábito de escribir las tres o cuatro cosas que necesitan buen procesamiento mental o planeación en las que no pueda dejar de pensar. Entonces busque tiempo después cuando pueda dar atención a todos esos temas. Pueden ser treinta minutos en casa el mismo día, o puede hacer una lista durante una semana y tomar un par de horas el sábado. Solamente no permita que la lista sea tan larga que lo intimide.

En *Piense para obtener un cambio,* motivo a los lectores a tener un lugar para pensar, y escribí sobre la «silla de pensar» que tengo en mi oficina; no uso esa silla para otra cosa que no sea mi tiempo de pensar. He descubierto desde la publicación del libro que no expliqué claramente cómo se utiliza la silla de pensar, la gente en los seminarios me dijo que se sentaban en sus sillas para pensar y nada sucedía. Les expliqué que no me siento en esa silla sin una agenda, sólo esperando que una idea me llegue, lo que hago es pensar sobre las cosas que he escrito porque no pude pensar en ellas durante un día ocupado. Tomo la lista y la llevo a mi silla, la pongo frente a mí y le doy tanto tiempo a cada punto como lo requiera. Algunas veces estoy evaluando una decisión que ya he tomado, otras, pienso en alguna decisión que debo tomar. Algunas veces estoy desarrollando una estrategia y otras estoy tratando de ser creativo, desarrollando una idea.

Quiero motivarle a que intente administrar sus pensamientos en esta manera. Si nunca lo ha hecho, se sorprenderá de la recompensa, y sepa esto: un minuto es mayor a una hora. Un minuto pensando es más valioso que una hora hablando o trabajando sin planeación.

6. Administre sus palabras

El entrenador legendario de basquetbol, John Wooden dijo: «Muéstreme lo que puede hacer, no solamente dígamelo». La gente exitosa valora la acción, y si van a dejar lo que están haciendo para escuchar, las palabras que escuchen deberán ser valiosas. Hágalas contar.

El libro *Thoughts on the Business Life* [Pensamientos de la vida de negocios de Forbes] (Triumph Books, 1995), cita a Emile de Girardin: «El poder de la palabra es inmenso.

Una palabra bien elegida ha sido suficiente para detener una armada, para cambiar la derrota en victoria y para salvar un imperio». Si usted desea asegurarse de que sus palabras tengan peso, entonces mídalas bien. Las buenas noticias son que si administra sus pensamientos y toma ventaja de su tiempo de pensar bien enfocado, probablemente verá una mejoría en el área de administrar sus palabras también.

David McKinley, un líder exitoso en una gran organización en Plano, Texas, me contó una historia sobre algo que le sucedió en su primer trabajo después de sus estudios de postgrado. Se estaba preparando para hacer una visita importante, y decidió que debía pedirle al líder más alto que fuera con él. Cuando llegaron, David, en su entusiasmo no dejó de hablar, no le permitió a su líder hacer nada más que mirar hasta el final de su visita.

Cuando regresaron al auto, el jefe de David le dijo: «podría haberme quedado en la oficina». Le explicó cómo su presencia fue superflua; David me dijo: «Aprendí una enorme lección ese día sobre mantenerme "dentro de los límites" cuando estaba con el líder principal. Su consejo honesto y corrección fortalecieron nuestra relación y me han servido toda la vida». Si tiene algo importante que decir, dígalo brevemente y bien. Si no, lo mejor es permanecer en silencio.

7. ADMINISTRE SU VIDA PERSONAL

Usted puede hacer todo bien en el trabajo y manejarse bien allí, pero si su vida personal no está bien, eventualmente amargará lo demás. ¿Cómo beneficiaría a alguien llegar a la cima de la jerarquía organizativa pero también perder un matrimonio o afectar a los hijos? Como alguien que pasó muchos años aconsejando gente, puedo decirle, no hay carrera que lo valga.

Por años una de mis definiciones de *éxito* ha sido esta: que los que estén más cerca de mí me amen y respeten al máximo. Eso es lo más importante. Quiero el amor y respeto de mi esposa, mis hijos y nietos antes que el respeto de cualquier persona con quien trabaje. No me malinterprete. Quiero que la gente con la que trabajo me respete también, pero no al costo de mi familia. Si no puedo manejarme en mi casa, entonces el efecto del impacto negativo correrá en todas las áreas de mi vida, incluyendo el trabajo.

LIDÉRESE A SÍ MISMO.

Si quiere influenciar a los demás, siempre deberá liderarse a sí mismo primero. Si no puede, no tendrá credibilidad. He visto que lo siguiente es cierto:

Si no puedo liderarme, los demás no me seguirán.
Si no puedo liderarme, los demás no me respetarán.
Si no puedo liderarme, los demás no colaborarán conmigo.

Esto aplica ya sea que la influencia que desea establecer sea en la gente que está arriba de usted, a su lado o debajo de usted. Mientras mejor sea para asegurarse que está haciendo lo que debería, mejores serán las posibilidades de que tenga un impacto en otros y sea exitoso.

PARTE II

LAS CUALIDADES BÁSICAS PARA EL ÉXITO

5

¿QUÉ TAN BIEN TRABAJO CON LA GENTE?

No es exageración decir que la habilidad de trabajar con la gente es el ingrediente más importante para el éxito.

¿Qué tipo de precio le pondría a las buenas habilidades personales? Pregunte a los directores generales exitosos de las grandes corporaciones qué característica es la más necesaria para el éxito en posiciones de liderazgo, y le dirán que es la habilidad de trabajar con la gente. Entreviste a los emprendedores para averiguar qué separa a los éxitos de los fracasos, y le dirán que es la habilidad personal. Hable con agentes de ventas exitosos y le dirán que el conocimiento de la gente es mucho más importante que el conocimiento mismo del producto. Siéntese con maestros y comerciantes, mecánicos y propietarios de negocios pequeños, pastores y padres de familia, y todos le dirán que las habilidades personales marcan la diferencia entre aquellos que son excelentes y los que no. Las habilidades personales son invaluables. No importa lo que haga. Si puede ganarse a la gente, ¡puede ganar!

¿QUÉ TIPO DE PERSONA ES USTED?

Durante años, los psicólogos han intentado dividir a la gente en varias categorías. Algunas veces un poeta que observa puede hacer un mejor trabajo. Ella Wheeler Wilcox lo hizo en el poema "¿Cuál eres tú?"

> Hay dos tipos de gente en la tierra hoy;
> Sólo dos tipos de gente, no más, digo yo.
>
> No el pecador y el santo, pues es bien entendido,
> Que los buenos son medio malos y los malos medio buenos.
>
> Ni los ricos ni los pobres, pues para medir la riqueza de un hombre,
> Usted debe primero saber el estado de su conciencia y salud.
>
> No el humilde y orgulloso, pues en la corta vida,
> Quien tiene aires vanos, no se cuenta como hombre.
>
> No el feliz y el triste, porque los años que vuelan,
> Traen a cada hombre sus risas y a cada hombre sus lágrimas.

No; los dos tipos de gente en la tierra a quien me
refiero,
Son la gente que levanta y la gente que se apoya.

A donde quiera que vaya, encontrará que las masas,
Siempre divididas están en estas dos clases.

Y curiosamente también encontrará, insisto,
Que sólo hay uno que levanta por veinte que se apoyan.

¿En qué clase está usted? ¿Ayuda con la carga
a los que levantan sobrecargados, que se esfuerzan por
el camino?
¿O es alguien que se apoya, que permite que otros compartan
La porción de trabajo, preocupación y cuidado de
usted?[1]

Estas son buenas preguntas que debemos hacernos a nosotros mismos porque nuestras respuestas van a tener un gran impacto en nuestras relaciones. Pienso que Wilcox iba en la dirección correcta. La gente tiende a añadirles valor a los demás, minimizando su carga y levantándolos, o tiende a restarles valor, pensando sólo en sí misma y tumbando gente en el proceso. Pero yo llevaría esto un paso más adelante. Creo que la intensidad con que levantamos o derribamos a otros puede determinar que realmente hay *cuatro* tipos de personas cuando hablamos de relaciones:

1. ALGUNAS PERSONAS AÑADEN ALGO A LA VIDA, LAS DISFRUTAMOS

Muchas personas en este mundo desean ayudar a otros. Estas personas añaden, hacen las vidas de los demás más agradables, son aquellos que levantan a los que se refería Wilcox. El evangelista D. L. Moody le recomendó a la gente:

> Haga todo el bien que pueda,
> a toda la gente que pueda,
> en todas las maneras que pueda,
> mientras pueda.

Moody era alguien que añadía.

La gente que añade valor a otros casi siempre lo hace *intencionalmente.* Lo digo porque agregar valor a los demás requiere que una persona dé de sí misma y eso ocurre rara vez por accidente. Yo me he dedicado a convertirme en alguien que añade. Me gusta la gente y quiero ayudarle. Mi meta es ser un amigo.

Recientemente, el director general de una gran corporación me invitó a hablar sobre liderazgo; después de entrenar a sus ejecutivos y conducir sesiones para sus gerentes, había ganado suficiente credibilidad con él y quería hacer algo lindo por mí.

—John, me gusta lo que has hecho por nosotros —dijo mientras nos sentábamos un día en su oficina—. Ahora, ¿qué puedo hacer por ti?

—Nada —le respondí—, no tienes que hacer nada por mí. La corporación me había pagado todas las veces que trabajé, y en realidad disfruté la experiencia. Su gente era inteligente y estaba ansiosa por aprender.

—Oh, por favor —dijo—. Toda la gente quiere algo. ¿Qué quieres tú?

—Mira, ¿a poco no necesitamos todos un amigo fácil? ¿Alguien que no necesite nada? —le respondí, mirándolo a los ojos. —Sólo quiero ser un amigo fácil.

Él dijo —Está bien, serás mi amigo fácil —y es lo que he tratado de ser.

El autor Frank Tyger dice: «La amistad consiste en un oído que escuche, un corazón que entienda y una mano que ayude». Es lo que le trato de dar a mi amigo.

2. ALGUNAS PERSONAS LE RESTAN ALGO A LA VIDA, LAS TOLERAMOS

En *Julio César*, la obra de William Shakespeare, Cassius dice: «Un amigo debería soportar las flaquezas de sus amigos, pero Bruto hace las mías más grandes de lo que son».

Eso hacen los que restan. No nos ayudan con nuestros pesares, y hacen aun más pesados los que ya tenemos. Lo triste sobre los restadores es que por lo regular lo hacen sin intención. Si usted no sabe cómo añadir a los demás, entonces probablemente esté restando automáticamente.

En las relaciones interpersonales, recibir es fácil. Dar es mucho más difícil, es similar a la diferencia entre construir algo y destruirlo. Le toma mucho tiempo y energía a un artesano muy capaz construir una silla hermosa, mas no le requiere habilidad alguna en desbaratarla en sólo unos cuantos segundos.

3. Algunas personas multiplican algo en la vida, las valoramos

Quien desee puede convertirse en alguien que añade. Toma sólo un deseo de levantar gente y darle seguimiento intencionalmente. Es lo que George Crane estaba tratando de enseñar a sus alumnos, pero para ir a otro nivel en relaciones, para convertirse en multiplicador, uno debe ser intencional, estratégico y contar con muchas habilidades. Entre más talento y recursos posee una persona, mayor será su potencial para convertirse en multiplicador.

Soy afortunado. Tengo muchos multiplicadores en mi vida, gente enormemente dotada que quiere verme tener éxito; personas como Todd Duncan, Rick Goad, y Tom Mullins. Cada uno de ellos tiene un corazón grandioso, son excelentes en sus ocupaciones, valoran la sociedad, siempre generan grandiosas ideas y sienten pasión por marcar la diferencia. Me ayudan a ajustar mi visión y a maximizar mis fortalezas.

Usted probablemente conoce gente así en su vida, individuos que viven para ayudarle a ser exitoso y con las habilidades para ayudarle en el camino. Si puede pensar en personas que hayan jugado el papel de multiplicadores en su vida, deténgase y tome un momento para llamarles o escribirles y decirles lo que significan para usted.

4. ALGUNAS PERSONAS DIVIDEN ALGO EN LA VIDA, LAS EVITAMOS

R. G. LeTourneau, inventor de varios tipos de equipo pesado para mover tierra, dice que su compañía solía manufacturar una máquina excavadora conocida como el Modelo C. Un día un cliente preguntó a un agente de ventas el significado de la letra *C*. El agente de ventas, como mucha gente en su profesión, estaba preparado y respondió: «La *C* representa chisme, porque justo como alguien que moviliza chismes, esta máquina moviliza mucha tierra ¡y la moviliza rápido!»

Los divisores son personas que realmente «lo llevan al sótano», es decir, lo llevarán tan bajo como puedan, tan a menudo como puedan. Son como el presidente de la compañía que envía a su director de personal un memorando diciendo «busque en la organización a un empleado joven, alerta, agresivo que pueda llenar mis zapatos, y cuando lo encuentre, despídalo».

Los divisores causan tanto daño porque a diferencia de los restadores, sus acciones negativas son a menudo intencionales. Son gente hiriente que se hace ver o se siente mejor al tratar de hacer que alguien se vea peor que ellos. Como resultado, dañan relaciones y crean estragos en las vidas de las personas.

LLEVE A LOS DEMÁS A UN NIVEL MÁS ALTO

Creo que en el fondo todos, hasta la persona más negativa, quieren ser alguien que levanta. Todos queremos ser la influencia positiva en las vidas de los demás y lo podemos ser. Si usted quiere levantar a la gente, y añadirle valor, recuerde esto:

LOS QUE LEVANTAN SE COMPROMETEN A ESTÍMULOS DIARIOS

El filósofo romano Lucio Anneo Séneca señaló: «Donde hay un ser humano, hay oportunidad para la amabilidad». Si usted desea levantar a la gente, tome el consejo de George Crane. Anime a los demás y hágalo diariamente.

LOS QUE LEVANTAN CONOCEN LA DIFERENCIA ENTRE LASTIMAR Y AYUDAR

Las pequeñas cosas que hace día a día tienen mayor impacto en otros de lo que se imagina. Una sonrisa, en lugar de un gesto, puede hacer el día de alguien mejor. Una palabra amable en lugar de la crítica levanta el espíritu de un individuo en lugar de arrastrarlo.

Usted tiene el poder de mejorar o empeorar la vida de alguien con las cosas que hace hoy. Aquellos que tiene más cercanos, su cónyuge, hijos o padres, son los más afectados por lo que dice y hace. Use ese poder sabiamente.

LOS QUE LEVANTAN INICIAN LO POSITIVO EN UN AMBIENTE NEGATIVO

Una cosa es ser positivo en un ambiente positivo o neutral. Otra cosa es ser un instrumento de cambio en un ambiente negativo. Sin embargo eso es lo que aquellos que levantan intentan hacer. Algunas veces eso requiere una palabra amable, otras veces llevar a cabo una acción de servicio, y ocasionalmente se necesita creatividad.

El revolucionario estadounidense Ben Franklin lo dijo en su autobiografía cuando pedía el favor de crear una conexión positiva en un ambiente negativo. En 1736, Franklin era considerado para un puesto como secretario de la asamblea general. Sólo una persona estuvo en contra de la nominación, un hombre poderoso a quien Franklin no le gustaba.

Franklin escribió: «Habiendo escuchado que tenía en su biblioteca un libro muy difícil de encontrar, le escribí una nota expresando mi deseo de ver el libro y pidiéndole si me haría el favor de prestármelo». El hombre se sintió adulado y maravillado por la solicitud, le prestó el libro a Franklin y se convirtieron en amigos de por vida.

Los que levantan entienden que la vida no es un ensayo general de teatro

Esta es una frase que siempre me ha gustado: «Espero pasar por este mundo sólo una vez. Por lo tanto cualquier bien que haga, o cualquier amabilidad que le pueda mostrar a cualquier criatura, permítame hacerlo ahora. No me permita posponerlo o abandonarlo, pues no pasaré por este camino de nuevo».[2] La gente que levanta a otros no espera hasta mañana o algún otro día mejor para ayudar. ¡Lo hace ahora!

Todos son capaces de convertirse en una persona que levanta a los demás. Usted no tiene que ser rico, ni ser un genio, ni necesita tenerlo todo. Tiene que importarle la gente, empiece a realizar actividades que la levanten. No permita que pase otro día sin levantar a las personas que le rodean pues haciendo eso cambiará positivamente las relaciones que ya tiene e iniciará muchas más.

6

¿Piensan los demás que soy confiable?

La confianza es la base de todas las relaciones.

Si usted ha viajado por pequeños aeropuertos o tiene mucha experiencia volando en aviones corporativos, probablemente ha visto o volado en un jet Lear. Yo he tenido la oportunidad de viajar en uno un par de veces, y es toda una experiencia. Son pequeños, pueden llevar sólo cinco o seis pasajeros, y muy rápidos. Es como ir en un tubo angosto con motores jet amarrados a él.

Tengo que admitir que la experiencia de viajar en un jet Lear es muy estimulante, pero lo más fabuloso es el tiempo que ahorra. He viajado literalmente millones de millas en aerolíneas, y estoy acostumbrado a largas horas de manejo a los aeropuertos, a regresar los carros rentados, el transporte, la congestión en la terminal y los retrasos que parecen interminables. Puede ser una pesadilla. Volar en un jet Lear puede cortar fácilmente el tiempo de viaje por la mitad.

El padre de este grandioso avión fue un hombre llamado Bill Lear. Un inventor, aviador y líder de negocios, Lear tenía más de 150 patentes, incluyendo las de piloto automático, radio para automóvil, y cintas de ocho pistas (no se puede ganar todo). Lear fue un pionero en su manera de pensar, y en 1950 pudo ver el potencial para la manufactura de jets corporativos pequeños. Le tomó muchos años convertir su sueño en realidad, pero en 1963, el primer jet Lear logró su viaje, y en 1964 entregó su primera producción a un cliente.

El éxito de Lear fue inmediato, y rápidamente vendió muchos aviones. Pero no mucho después de su inicio, se enteró de que dos aviones que se habían construido en su compañía se habían estrellado bajo circunstancias misteriosas. Estaba devastado. En aquel tiempo, cincuenta y cinco jets Lear pertenecían a clientes privados, así que les avisó inmediatamente a todos los propietarios que los dejaran en tierra hasta que él y su equipo pudieran determinar la causa de los accidentes. Pensó que más vidas podrían perderse y eso era más importante para él que cualquier publicidad adversa que se pudiera generar en los medios.

Conforme investigó los vuelos en cuestión, Lear descubrió una causa posible, pero no pudo verificar el problema técnico en tierra. Sólo había una manera de confirmar si había diagnosticado el problema correctamente. Él habría de recrearlo personalmente, en el aire.

Era un proceso peligroso, sin embargo lo hizo. Mientras voló el jet, casi perdió el control y por poco le sucede lo mismo que a los otros dos pilotos, pero logró pasar las pruebas y verificó el problema. Lear desarrolló una nueva parte para corregirlo y equipó a los cincuenta y cinco aviones con ella, eliminando el peligro.

Traer los aviones a tierra le costó mucho dinero y plantó muchas dudas en las mentes de sus clientes potenciales. Como resultado, necesitó dos años para reconstruir el negocio, pero Lear nunca se arrepintió de haber tomado esta decisión. Estaba dispuesto a poner su éxito en riesgo, su fortuna e incluso su vida para resolver el misterio de dichos accidentes, pero no su integridad. Y eso requiere carácter.

LA IMPORTANCIA DEL CARÁCTER

La manera como una persona maneja las circunstancias de la vida dice muchas cosas sobre su carácter. Las crisis no necesariamente hacen el carácter, pero seguramente lo revelan. La adversidad es una encrucijada que hace que una persona elija uno de dos caminos: carácter o compromiso. Cada vez que se elige el carácter, se hace más fuerte, incluso si dicha elección trae consecuencias negativas. Como el ganador del premio Nobel, el autor Alexander Solzhenitsyn dijo: «El significado de la existencia terrenal está no en que hemos crecido acostumbrados a pensar en la prosperidad, sino en el desarrollo del alma». El desarrollo del carácter está en el corazón de nuestro desarrollo no sólo como líderes, sino como seres humanos.

¿Qué debe saber cada persona sobre el carácter?

1. El carácter es más que hablar

Cualquiera puede *decir* que tiene integridad, pero las acciones son el indicador real del carácter. Su carácter determina quién es usted. Quien es usted, determina lo que ve. Lo que se ve, determina lo que hace. Es por eso que nunca puede separar el carácter de una persona de sus acciones. Si las acciones de una persona e intenciones continuamente van en sentidos opuestos, entonces vea su carácter para entender por qué.

2. El talento es un regalo, pero el carácter es una elección

No tenemos control sobre muchas cosas en la vida: no elegimos a nuestros padres, no elegimos el lugar o las circunstancias de nuestro nacimiento y crecimiento, no elegimos nuestros talentos o coeficiente intelectual, pero sí elegimos nuestro carácter. De hecho lo creamos cada vez que hacemos elecciones: para manejar o salir de una situación difícil, para distorsionar la verdad o mantenerse bajo su peso, para tomar el dinero fácil o pagar el precio. Conforme vive su vida y hace elecciones hoy, usted continúa creando su carácter.

3. EL CARÁCTER PROPORCIONA UN ÉXITO DURADERO CON LA GENTE

El liderazgo real siempre involucra otras personas (como el proverbio de liderazgo dice: «Si usted cree que es un líder y nadie lo sigue, entonces sólo está dando un paseo»). Los seguidores no confían en los líderes cuyo carácter saben que está dañado, ni continuarán siguiéndolos.

4. LA GENTE NO PUEDE SOBREPONERSE A LOS LÍMITES DE SU CARÁCTER

¿Alguna vez ha visto gente talentosa fracasar de repente cuando llega a cierto nivel de éxito? La clave de ese fenómeno es el carácter. Steven Berglas, un psicólogo en la Escuela Médica de Harvard y autor de *The Success Syndrome* [El síndrome del éxito], dice que la gente que logra grandes alturas pero carece del carácter con cimientos para sostenerse a través del estrés se dirige al desastre. Él cree que están destinados a una o más de estas cuatro «A» o estados: *arrogancia*, sentimientos dolorosos de *abandono*, búsqueda destructiva de *aventura*, o *adulterio.* Cada uno es un precio terrible que pagar por un carácter débil.

Examínese a sí mismo

Si se encuentra en uno de los cuatro estados descritos por Berglas, tome tiempo. Haga lo que deba para salir del estrés de su éxito, y busque ayuda profesional. No piense que el valle en el que está va a pasar con el tiempo, con más dinero o con un prestigio incrementado. Las fallas en el carácter que no se atienden sólo se vuelven más profundas y destructivas con el tiempo.

Si no está batallando en una de estas cuatro áreas, aún debería examinar la condición de su carácter. Pregúntese si sus palabras y acciones coinciden todo el tiempo. Cuando dice que terminará una tarea, ¿siempre la concluye? Si les dice a sus hijos que irá a su recital o juego, ¿está ahí? ¿Puede la gente confiar en su apretón de manos tal como si fuera un contrato legal?

Así como usted es líder en casa, en el trabajo y en la comunidad, reconozca que su carácter es su activo más importante. G. Alan Bernard, presidente de Mid Park, Inc., dijo: «El respeto que el liderazgo debe de tener requiere que la ética de uno no se cuestione. Un líder no sólo se mantiene por encima de la línea entre el bien y el mal, se mantiene bastante lejos de las áreas grises».

Construyendo el carácter

Para mejorar su carácter, haga lo siguiente:

- *Busque los defectos*: Pase algún tiempo buscando las áreas más importantes en su vida (trabajo, matrimonio, familia, servicio, etc.), e identifique dónde pudo haber tomado atajos, comprometido o decepcionado a la gente. Escriba cada instancia que usted recuerde de los últimos dos meses.
- *Busque patrones.* Examine las respuestas que acaba de escribir. ¿Hay algún área en particular donde tenga alguna debilidad, o sabe de algún tipo de problema que continúe apareciendo? Los patrones detectables le ayudarán a detectar problemas de carácter.
- *Afronte las consecuencias.* El inicio de la restauración del carácter viene cuando encara sus defectos, se disculpa y enfrenta las consecuencias de sus acciones. Haga una lista de las personas con quienes deba disculparse por sus acciones, entonces discúlpese sinceramente.
- *Reconstruya lo que sea necesario.* Una cosa es encarar sus acciones pasadas, otra construir un futuro nuevo. Ahora que ha identificado las áreas de debilidad, haga un plan para prevenir que cometa los mismos errores de nuevo.

Un hombre lleva a su pequeña hija a una feria y ella se va inmediatamente al puesto de dulce de algodón. Mientras el encargado le entrega una gran bola de dulce, el padre le pregunta:

«Cariño, ¿estás segura que puedes comer todo?»

«No te preocupes, papi. Soy más grande por dentro que por fuera».

Eso es carácter real, ser más grande por dentro.

7

¿Qué tan hábil soy en mi trabajo?

Para dar en el blanco, apunte arriba.

Benjamín Franklin siempre pensó que era un ciudadano ordinario. Uno de diecisiete hijos, Franklin fue el hijo de un comerciante, un fabricante de velas lejos de la riqueza. Tuvo una niñez típica, fue a la escuela solamente dos años, y a la edad de doce, fue aprendiz de su hermano en el comercio de imprentas.

Franklin trabajó duro y vivió una vida simple, gobernando sus acciones de acuerdo a un conjunto de trece virtudes, en las que se calificaba diariamente. A la edad de veinte años inició su propio negocio de imprenta. Si Franklin se hubiera limitado a trabajar en este negocio, su nombre hubiera sido poco más que una nota al pie en la historia de Filadelfia. Sin embargo, vivió una vida extraordinaria, fue uno de los padres de la independencia estadounidense y un gran líder de una nación emergente. Fue coautor de la Declaración de Independencia, y después ayudó con el Tratado de París y la Constitución de Estados Unidos (fue el único hombre que firmó las tres). Y fue seleccionado para desempeñar una misión diplomática secreta en París durante la guerra para asegurar el apoyo militar y financiero para la revolución.

¿Qué dio a un comerciante del norte la oportunidad de ejercer tanta influencia entre los ricos, predominantemente terratenientes del sur que iniciaron la guerra de independencia? Creo que fue la increíble habilidad de Franklin.

Benjamín Franklin fue excelente en todo lo que tocó por siete décadas. Cuando inició su propio negocio de imprenta en 1726, la gente no creía que Filadelfia pudiera tener una tercera imprenta, pero Franklin estableció reputación inmediata como el mejor en la ciudad. No obstante, el hombre comerciante de Filadelfia no estaba conforme con sólo ese logro.

La mente de Franklin era curiosa, y continuamente buscó maneras de mejorarse a sí y a los demás. Se expandió a la publicidad, su trabajo incluyó el *Almanaque del pobre Richard.* Hizo experimentos extensivos con la electricidad y acuñó muchos términos aún asociados con su uso. Inventó muchos artículos, como la estufa barrigona, el catéter y los bifocales. Con frecuencia viajaba a través del Océano

Atlántico, mientras lo hacía, se dedicó a dibujar la Corriente del Golfo. Su actitud ante la vida se podía ver en un aforismo que escribió en su almanaque: «No escondas tus talentos. Fueron hechos para usarse. ¿Qué es un indicador solar en la sombra?»

La evidencia de los talentos de Franklin es grande. Él ayudó a establecer la primera biblioteca de Filadelfia, inició el primer departamento de bomberos de la nación, desarrolló el concepto del horario de verano y tuvo muchos puestos en el gobierno.

Franklin fue reconocido por sus habilidades, pero algunas veces tenía que dejar que sus capacidades hablaran por sí mismas. Durante el tiempo en que estaba trabajando en mejorar la agricultura, descubrió que los granos y pastos hechos de yeso crecen mejor, pero tuvo dificultades convenciendo a sus vecinos sobre el descubrimiento. ¿Su solución? Cuando llegó la primavera, fue a un campo cerca de un camino, excavó algunas letras en la tierra con sus manos, puso yeso en las raíces y después regó semillas en toda el área. Mientras la gente pasaba por ahí, durante las semanas siguientes, podían ver letras verdes creciendo más brillantes que el resto del campo; se leía «esto ha sido enyesado». La gente entendió el mensaje.

Incremente su nivel de aptitud

Todos admiramos a la gente que muestra grandes aptitudes, si son artesanos precisos, atletas de clase mundial, o líderes de negocios exitosos. La verdad es que usted no tiene que ser Fabergé, Michael Jordan o Bill Gates para sobresalir en el área de la habilidad. Si desea cultivar esa cualidad, aquí está lo que debe hacer.

1. Vaya todos los días

Hay un dicho: «Todas las cosas le llegan al que espera». Desafortunadamente algunas veces son sólo las sobras de la gente que llegó ahí primero. La gente responsable aparece cuando es esperada, pero las personas altamente competentes van un paso más allá. No aparecen sólo físicamente, sino vienen listas para planear cada día; no importa cómo se sientan, qué tipo de circunstancias encaren, o qué tan difícil esperen que sea el juego.

2. Continúe mejorando

Como Benjamín Franklin, todas las personas altamente competentes buscan continuamente maneras de seguir aprendiendo, creciendo y mejorando. Todo lo hacen con sólo preguntar *por qué*. Después de todo, la persona que sabe *cómo* siempre tendrá un trabajo, pero la persona que sabe *por qué* siempre será el jefe.

3. DÉ SEGUIMIENTO CON EXCELENCIA

Nunca he conocido a una persona que considerara competente que no diera seguimiento, apuesto que usted opina igual. Willa A. Foster dijo: «La calidad nunca es un accidente; es siempre el resultado de intenciones elevadas, esfuerzos sinceros, dirección inteligente y ejecución con habilidad; representa la elección sabia de muchas alternativas». Desempeñarse en un alto nivel de excelencia es siempre una elección, un acto de deseo.

4. LOGRE MÁS DE LO ESPERADO

La gente altamente competente siempre da algo más. Para ellos, lo suficiente nunca es suficiente. Jim Conway, en su libro *Men in Mid-Life Crisis* [Hombres en la crisis de la mediana edad], escribe que algunos de ellos sienten «el despertar de la necesidad de ser un gran hombre y un sentimiento creciente de "salgamos de esto de la mejor manera posible". No hay que preocuparse por lograr *jonrones*, solamente hay que acabar el juego sin salir golpeado». La gente exitosa no puede darse el lujo de tener ese tipo de actitud. Necesitan hacer el trabajo, y algunos de día y de noche.

5. INSPIRE A OTROS

La gente altamente competente hace más que desempeñarse a niveles altos. Inspira y motiva a otros a hacer lo mismo. Mientras algunos se basan sólo en habilidades relacionales para sobrevivir, la gente efectiva combina esas habilidades con altas cualidades para llevar a sus organizaciones a nuevos niveles de excelencia e influencia.

¿QUÉ TAN COMPETENTE ES USTED?

¿Dónde se ubica cuando se trata de completar el trabajo? ¿Emprende todo lo que hace con fervor y se desempeña al nivel más alto posible? ¿O es suficiente para usted lo medianamente bueno?

Cuando piensa en gente competente, realmente está considerando sólo tres tipos de personas:

1. Aquellas que pueden ver lo que debe suceder.
2. Aquellas que pueden hacerlo suceder.
3. Aquellas que hacen que las cosas sucedan cuando realmente cuenta.

Cuando se trata de su profesión, ¿dónde se desempeña consecuentemente? ¿Es usted un pensador, un ejecutor o un jugador clave que soporta presión en momentos decisivos? Entre mejor sea, mayor será el potencial que tendrá para influenciar a su gente.

ENTRANDO EN EL JUEGO

Para mejorar sus aptitudes, haga lo siguiente:

- *Meta su cabeza en el juego.* Si está separado de su trabajo mentalmente o emocionalmente, es tiempo de reconectarse. Primero dedíquese de nuevo a su trabajo. Determínese a darle una cantidad adecuada de su atención total. Segundo, piense por qué se ha desconectado. ¿Necesita nuevos retos? ¿Está en conflicto con su jefe o colegas? ¿Está en un trabajo sin salida? Identifique la fuente del problema y haga un plan para resolverlo.
- *Redefina el estándar.* Si no está desempeñándose a un nivel consecuentemente alto, reexamine sus estándares: ¿está apuntando muy bajo, o tomando atajos? Si es así, presione su botón mental de reinicio, y establezca expectativas más altas para sí mismo.
- *Encuentre tres maneras de mejorar.* Nadie continúa mejorando sin hacerlo intencionalmente. Haga un poco de investigación para encontrar tres cosas que

pueda hacer para mejorar sus habilidades profesionales. Entonces dedique tiempo y dinero para llevarlas a cabo.

Leí un editorial en *Texas Business* hace poco que decía: «Somos realmente la generación perdida, corriendo y apresurándonos en el camino rápido a la nada, siempre mirando al signo de dólares para encontrar dirección. Es el único estándar que reconocemos. No tenemos creencias ni límites éticos inherentes».

Usted es sólo tan bueno como sus estándares privados. ¿Cuándo fue la última vez que dio a una tarea su mejor esfuerzo a pesar de que nadie excepto usted lo supiera?

8

¿Continúo cuando otros no lo hacen?

Los que renuncian nunca ganan y los ganadores nunca renuncian.

En el verano de 2001, mi esposa Margaret y yo fuimos a Inglaterra por diez días con nuestros amigos Dan y Patti Reiland, Tim y Pam Elmore y Andy Steimer. Habíamos estado muy cercanos a los Reiland y Elmore por cerca de veinte años, y habíamos hecho muchos viajes juntos, entonces realmente esperábamos ir a este. Y aunque no conocíamos a Andy por tanto tiempo, se ha convertido en un buen amigo, y había estado en Inglaterra tantas veces que casi actuaba como un guía turístico no oficial.

Mientras nos preparábamos para el viaje, varios de nosotros teníamos intereses específicos y lugares históricos que queríamos incluir. Por ejemplo, yo quería visitar todos los lugares relacionados con John Wesley, el evangelista renombrado del siglo dieciocho. Por más de treinta años había estudiado a Wesley, leído todos sus escritos y coleccionado sus libros. Entonces fuimos a Epworth, donde nació, a la Capilla Wesley en Londres, y a muchos otros lugares donde él oró. Por Tim, visitamos Cambridge y otros lugares relacionados al autor, profesor y apologista C. S. Lewis. Andy sólo quería ver un lugar en su lista, puesto que había estado en Inglaterra tantas veces: las salas de guerra de Winston Churchill.

Los tres queríamos caminar en los lugares donde nuestros héroes habían caminado, para tener una visión de la historia y tal vez entender el sentido de destino que alguna vez esos grandes líderes o pensadores habían experimentado. Nos faltaba Dan. De seguro Dan disfrutaba al compartir nuestros intereses, él ama el tema de liderazgo, leyó los trabajos de C. S. Lewis y se había ordenado como pastor *Wesleyano.* Disfrutó visitando nuestros lugares preferidos, pero el único lugar que *tenía* que ver era la calle que atravesaron los Beatles cuando fueron fotografiados para el álbum *Abbey Road.* Dan quería que nos tomaran una fotografía cruzando la calle, justo como John, Ringo, Paul y George lo habían hecho.

A mí me gustan los Beatles, y pensé que sería divertido visitar el lugar, pero para Dan era mucho más. Era esencial. Si no íbamos a Abbey Road, entonces su viaje no habría estado completo. Debido a eso, cada día mientras establecíamos el itinerario desde nuestro hotel en Londres, él insistiría: «Ahora chicos, vamos a ir a Abbey Road hoy, ¿cierto?»

En el último día, se esperaba que finalmente fuéramos a Abbey Road. Todos excepto Margaret se levantaron a las seis en punto y se acomodaron en dos taxis para ir al otro lado de la ciudad, a la calle justo afuera del estudio de grabación donde los Beatles grabaron su último álbum. Dan estaba tan emocionado que pensé que rebotaría de las paredes del taxi.

Cuando llegamos ahí no podíamos creerlo. ¡La calle estaba cerrada! Había grandes camiones de construcción por todos lados, y conos anaranjados llenaban el cruce peatonal. Parecía que hubiéramos hecho el viaje para nada. Como nos íbamos de Londres más tarde ese día, no tendríamos otra oportunidad para tomar la fotografía. Dan tendría que irse con las manos vacías.

Decidimos salir de los taxis de todas maneras, para ver qué sucedía. Pensamos que tal vez habría grandes construcciones en la pequeña calle. Sin embargo, descubrimos que una gran grúa, que estaba como a media milla, vendría a la calle en algún momento de la tarde, y es por eso que el camino estaba cerrado. Eso me dio la esperanza de que pudiéramos tener éxito después de todo. Ninguno de nosotros quería que Dan estuviera desilusionado, y a mí me encantan los retos, así que fuimos a trabajar.

Conversamos con los hombres que habían cerrado la calle. Al principio, no tenían idea de lo que queríamos.

Entonces cuando entendieron por qué estábamos ahí, cruzaron sus brazos y permanecieron tan sólidos como la Roca de Gibraltar, y nos dijeron que no se podía. Era su trabajo y no se iban a mover, sin embargo tuve que reírme cuando hablamos con un trabajador que tenía cerca de veinticinco años de edad. Cuando dijimos que Dan quería una fotografía como la del álbum de los Beatles y que la original había sido tomada en ese lugar, el joven dijo: «¿De verdad? ¿Fue aquí?»

Hablamos con los hombres un poco más, bromeamos, ofrecimos llevarlos a todos a comer, les hablamos sobre la distancia que habíamos recorrido y lo que esto significaba para Dan. «Pueden ser los héroes de Dan», les expliqué. Después de un rato, pude ver que empezaban a ablandarse. Finalmente un hombre con acento muy pronunciado dijo, «Bueno, ayudemos a los yanquis, ¿qué puede pasar?»

La siguiente cosa que sucedió fue que estaban trabajando para nosotros. Empezaron a quitar conos y mover camiones, incluso le permitieron a Patti, la esposa de Dan, subirse en uno de los camiones para tomar fotografías de manera que fueran desde el mismo ángulo, como la original de los Beatles. Rápidamente nos alineamos: primero Tim, después Andi, y luego yo (me quité mis zapatos como Paul McCartney), y finalmente Dan. Fue un momento que no olvidaremos, y la foto está en mi escritorio para recordármelo.

Trabajar con persistencia

Ese verano en Londres, ¿tuvimos éxito debido a nuestro talento extraordinario? No. ¿Fue por el tiempo? Ciertamente no, pues nuestro horario nos metió en problemas inicialmente. ¿Fue poder o cantidades? No, sólo éramos seis. Tuvimos éxito porque fuimos tenaces. Nuestro deseo de obtener esa fotografía fue tan fuerte que el éxito para nuestro pequeño equipo fue casi inevitable.

Es apropiado terminar la discusión de las cualidades esenciales del jugador del equipo hablando sobre tenacidad porque la tenacidad es crucial para alcanzar el éxito. Incluso la gente que no tiene talento y no logra cultivar otras de las cualidades vitales de un jugador de equipo tiene la oportunidad de contribuir con él y ayudarle a tener éxito si tiene un espíritu tenaz.

Ser tenaz significa...

1. Dar todo lo que tiene, no más de lo que tiene

Algunas personas no tienen tenacidad porque erróneamente creen que ser tenaz demanda de ellos más de lo que tienen para ofrecer. Como resultado, no se esfuerzan. Sin embargo, ser tenaz requiere que usted dé el cien por ciento, no más, pero ciertamente no menos. Si da su todo, se da todas las oportunidades posibles para alcanzar el éxito.

Mire el caso del general George Washington. Durante la Guerra de la Revolución, ganó solamente tres batallas. Pero dio todo lo que tenía, y cuando ganó, contó. El general británico Cornwallis, quien se rindió ante Washington en Yorktown para terminar la guerra, dijo al comandante norteamericano: «Señor, yo le rindo homenaje no sólo como un gran líder de hombres, sino como un caballero cristiano indomable que no se da por vencido».

2. Trabajar con determinación, no esperar al destino

La gente tenaz no espera suerte, destino o fe para lograr el éxito. Y cuando las condiciones se tornan difíciles, continúa trabajando. Ellos saben que el tiempo de intentar no es tiempo para dejar de intentar. Eso es lo que marca la diferencia. Por los miles de personas que se dan por vencidas, hay siempre alguien como Thomas A. Edison quien dijo: «Empiezo donde el último hombre dejó las cosas».

3. Renunciar cuando el trabajo esté terminado, no cuando esté cansado

Robert Strauss dijo que «el éxito es parecido a luchar con un gorila. No renuncia cuando usted está cansado, renuncia cuando el gorila está cansado». Si quiere que su equipo tenga éxito, debe continuar presionando más allá de lo que *piensa* que puede hacer y entonces determinar de lo que usted es realmente capaz. No es el primer sino el último paso en la carrera de relevos, el último tiro en el juego de basquetbol, la última yarda con el balón en la zona final lo que marca la diferencia, ahí es donde se gana el juego. El autor motivador Napoleón Hill lo resumió así: «Cada persona exitosa encuentra que el gran éxito está más allá del punto donde están convencidos que su idea no funcionará». La tenacidad continúa hasta que el trabajo está terminado.

¿Qué tan tenaz es usted? Cuándo otros se han dado por vencidos, ¿continúa? Si es el final de la novena entrada y hay dos fueras, ¿ha perdido el partido mentalmente, o está listo para llevar al equipo a la victoria? Si el equipo no ha encontrado una solución al problema, ¿está dispuesto a continuar hasta el final para llegar al éxito? Si algunas veces se da por vencido antes de que el resto del equipo lo haga, usted puede necesitar una dosis fuerte de tenacidad.

CÓMO SER MÁS TENAZ

A. L. Williams dice: «Usted vence al cincuenta por ciento de la gente en Estados Unidos al trabajar duro. Vence otro cuarenta por ciento al ser una persona con honestidad e integridad, y por creer en algo. El último diez por ciento es una pelea de perros en el sistema de empresa libre». Para mejorar su tenacidad...

- ***Trabaje más dura o inteligentemente.*** Si tiende ser de las personas que ve el reloj continuamente y nunca trabaja tiempo extra sin importarle, entonces necesita cambiar sus hábitos. Dé unos sesenta o noventa minutos extra de trabajo cada día, llegando al trabajo treinta o cuarenta y cinco minutos más temprano y quedándose la misma cantidad después de su horario normal. Si es alguien que ya agrega demasiadas horas, entonces pase más tiempo planeando para hacer sus horas de trabajo más eficientes.
- ***Crea en algo.*** Para tener éxito, uno debe actuar con integridad absoluta. Sin embargo, si puede agregar eso al poder del propósito, usted poseerá una ventaja adicional. Escriba en una tarjeta la relación que existe entre su trabajo cotidiano y su propósito general. Entonces revise la tarjeta diariamente para mantener sus fuegos emocionales ardiendo.
- ***Convierta su trabajo en un juego.*** Nada da más tenacidad que nuestra naturaleza competitiva natural. Trate de mantenerla al convertir su trabajo en un juego. Encuentre otros en su organización que tengan metas similares y cree una competencia amistosa con ellos para motivarse a sí mismo y a ellos.

LOGRANDO LO IMPOSIBLE

La gente dijo que no se podían construir unas vías de tren desde el nivel del mar en la costa del Océano Pacífico hasta los Andes, la segunda cordillera más alta en la tierra después de los Himalayas. Sin embargo, eso es lo que Ernest Malinowski, un ingeniero nacido en Polonia quería hacer. En 1859, propuso la construcción de las vías desde Callao en la costa de Perú hasta el interior del país, a una elevación de más de cuatro mil quinientos metros. Si lo lograba, sería la vía más alta en el mundo.

Los Andes son montañas muy difíciles, la altitud hace el trabajo muy difícil, pero agregue a eso condiciones de congelamiento, glaciares, y el potencial de actividad volcánica. Las montañas van desde el nivel del mar hasta varios miles de metros en una distancia muy corta. Escalar a dicha altitud en las montañas escarpadas requiere zigzaguear, hacer muchas curvas pronunciadas y numerosos puentes y túneles.

Pero Malinowski y su equipo lo lograron. Jans S. Plachta dice: «Hay aproximadamente cien túneles y puentes, algunos de ellos son grandes obras de ingeniería. Es difícil visualizar cómo pudo lograrse este trabajo con equipo de construcción relativamente primitivo, con grandes altitudes y terreno montañoso como obstáculo». Las vías siguen ahí hoy como testamento a la tenacidad de los hombres que lo construyeron. No importa lo que les pasara durante el proceso, Malinowski y su equipo nunca, nunca, nunca renunciarían.

9

¿Me esfuerzo por seguir aprendiendo?

El día que usted deje de crecer, es el principio del final de su éxito.

Si ve la imagen de un hombre pequeño, con bigote diminuto, con bastón y pantalones flojos, zapatos grandes y torpes, además con un sombrero, inmediatamente sabe que es Charlie Chaplin. Casi todos lo reconocen. En las décadas de 1910 y 1920 él fue el hombre más famoso y reconocido del planeta. Si miramos a las celebridades actuales, la única persona en la misma categoría como Chaplin en popularidad sería Michael Jordan. Y para medir quién es la estrella más grande, tendríamos que esperar otros setenta y cinco años para averiguar qué tan bien se recuerde a Michael.

Cuando Chaplin nació, nadie hubiera predicho la gran fama que tendría. Nació en la pobreza, hijo de artistas ingleses que tocaban en el salón de música, vivió en las calles cuando era pequeño y su madre fue internada. Después de años en casas de trabajo y orfanatos, inició su trabajo como actor para mantenerse; para los diecisiete años era un gran actor. En 1914, en sus veinte, trabajó para Mack Senté en los Estudios Keystone en Hollywood, ganando $150 a la semana. Durante ese primer año en el negocio de las películas, hizo treinta y cinco filmes trabajando como actor, escritor y director. Todos reconocieron su talento inmediatamente, y su popularidad creció. Un año más tarde, ganaba $1,250 a la semana. En 1918 hizo algo muy raro, firmó el primer contrato en la industria del entretenimiento por un millón de dólares. Era rico, famoso, era el cineasta más poderoso en el mundo a los veintinueve años.

Chaplin fue exitoso porque tenía gran talento y una dirección increíble. Pero esas habilidades fueron ayudadas por la enseñanza. Él trataba de crecer, aprender y perfeccionar su oficio continuamente, incluso cuando era el actor más popular y mejor pagado *en el mundo*, no se conformó con el statu quo.

Chaplin explicó su deseo de mejorar a un entrevistador:

> Cuando estoy viendo que una de mis películas se presenta a la audiencia, siempre me fijo en dónde no se ríen. Por ejemplo, si muchas personas no se ríen de algo que yo quería que fuera gracioso, empiezo a analizar y tratar de descubrir qué estaba mal en la idea o en su ejecución. Si escucho risas en algo que no esperaba que

fuera gracioso, me pregunto qué fue lo que provocó la risa.

El deseo de crecer lo hizo exitoso económicamente, y trajo un gran nivel de excelencia a todo lo que hizo. En esos días, el trabajo de Chaplin se consideraba entretenimiento maravilloso. Conforme el tiempo pasó, fue reconocido como un genio cómico; hoy, muchas de sus películas son consideradas obras maestras y se le aprecia como uno de los grandes cineastas de todos los tiempos. El escritor y crítico de cine James Agee escribió: «La pantomima más fina, la emoción más profunda, el poema más rico y conmovedor estaban en el trabajo de Chaplin».

Si Chaplin hubiera reemplazado su disposición para aprender con una arrogante satisfacción propia cuando se hizo exitoso, su nombre hubiera estado ahí al lado de Ford Sterling o Ben Turpin, estrellas de filmes silenciosos que ya han sido olvidados hoy. Pero Chaplin continuó creciendo como actor, director y eventualmente ejecutivo de cine. Cuando aprendió de la experiencia que los cineastas estaban en manos de estudios y distribuidores, inició su propia organización, United Artists, junto con Douglas Fairbanks, Mary Pickford y D. W. Griffith; dicha compañía cinematográfica aún existe.

¡Continúe moviéndose!

La gente exitosa encara el peligro de conformarse con el *statu quo*. Después de todo, si la persona ya es influyente y ha logrado un nivel de respeto, ¿por qué debería seguir creciendo? La respuesta es simple:

Su crecimiento determina quién es usted.
Quién es usted determina a quién atrae.
A quién atrae, determina el éxito de su organización.

Si desea que su organización crezca, *usted* debe continuar aprendiendo.

Permítame darle cinco guías para ayudarle a cultivar y mantener una actitud de aprendizaje:

1. Cure su enfermedad de destino

Irónicamente, la falta de ganas de aprender está enraizada en los logros. Algunas personas creen erróneamente que si pueden lograr una meta en particular, ya no tienen que crecer. Puede suceder con casi todo: obtener un título universitario, llegar a un puesto deseado, recibir un reconocimiento, o llegar a una meta financiera.

Pero la gente efectiva no puede pensar así. El día que deje de crecer es el día que amenaza su potencial, y el de la organización. Recuerde las palabras de Ray Kroc: «Mientras seas verde, estás creciendo. En cuanto eres maduro, empiezas a pudrirte».

2. Supere su éxito

Otra ironía de la disponibilidad para aprender es que el éxito a menudo la entorpece. La gente efectiva que sabe qué los llevó a donde está, no se queda ahí. Si usted ha sido exitoso en el pasado, cuidado. Considere esto: si lo que hizo ayer aún se ve grande, no ha hecho mucho hoy.

3. Renuncie a los atajos

Mi amiga Nancy Dornan dice: «La distancia más grande entre dos puntos es un atajo». Es cierto, para todo lo que tenga valor en la vida, se paga un precio. Al desear crecer en un área en particular, observe qué se necesita, incluyendo el precio y después concéntrese en pagarlo.

4. Entregue a cambio su orgullo

La disposición de aprender requiere que admitamos que no sabemos todo, y que eso nos puede hacer ver mal. Además, si continuamos aprendiendo, debemos continuar cometiendo errores. Pero como el escritor y artesano Elbert Hubbard dijo: «El gran error que uno puede cometer en la vida es continuar temiendo que vamos a cometerlo». Usted no puede ser orgulloso y educable al mismo tiempo. Emerson escribió: «Por cada cosa que se gana, se pierde algo». Para ganar crecimiento, renuncie a su orgullo.

5. NUNCA PAGUE DOBLE POR EL MISMO ERROR

Teddy Roosevelt dijo: «El que no comete errores, no progresa». Es cierto. No obstante, la persona que continua cometiendo el *mismo* error, tampoco progresa. Una persona dispuesta a aprender siempre cometerá errores. Olvídelos, pero siempre recuerde lo que le enseñaron. Si no, pagará por ellos más de una vez.

Cuando era un niño creciendo en Ohio, vi un anuncio en una tienda que decía: «Si no le gusta la cosecha que obtiene, revise la semilla que está sembrando». A pesar que el anuncio era para semillas, contenía un principio maravilloso.

¿Qué tipo de cosecha está obteniendo? ¿Mejoran su vida y su liderazgo día con día, mes con mes, año con año? ¿O está peleando constantemente sólo para mantenerse donde está? Si no está donde esperaba para este punto en su vida, su problema puede ser la falta de disposición para aprender. ¿Cuándo fue la última vez que hizo algo por primera vez? ¿Cuándo fue la última vez que se hizo vulnerable al involucrarse en algo en lo que no era un experto? Observe su actitud hacia el crecimiento y el aprendizaje en los siguientes días y semanas para ver dónde está.

Nunca deje de crecer

Para mejorar su disponibilidad para aprender, haga lo siguiente:

- ***Observe cómo reacciona ante los errores.*** ¿Admite sus errores? ¿Se disculpa cuando es necesario, o es defensivo? Obsérvese y pida la opinión de un amigo en quien confíe. Si reacciona negativamente, o si no comete errores, necesita trabajar en su disposición para aprender.
- ***Intente algo nuevo.*** Sálgase hoy de su rutina para hacer algo diferente que lo retará mental, emocional, o físicamente. Los desafíos nos mejoran. Si realmente desea empezar a crecer, haga de los nuevos retos parte de sus actividades cotidianas.
- ***Aprenda en su área de fortaleza.*** Lea de seis a nueve libros al año sobre liderazgo, o sobre su área de especialización. Continúe aprendiendo en un área donde usted ya es experto y evite convertirse en alguien que no es educable.

Después de ganar su tercer campeonato mundial, el jinete de toros Tuff Hedeman no tuvo una celebración grande. Se fue a Denver a iniciar la nueva temporada, y todo el proceso de nuevo. Su comentario fue: «Al toro no le importa lo que hice la semana pasada». Si usted es un novato o un veterano exitoso, y desea ser un campeón mañana, esté dispuesto a aprender hoy.

Parte III

Éxito en el siguiente nivel

10

¿Estoy dispuesto a hacer los trabajos difíciles?

La gente exitosa hace cosas que la gente no exitosa no está dispuesta a hacer.

Dicen que un grupo de ayuda en Sudáfrica le escribió una vez a David Livingstone, misionario y explorador, preguntando: «¿Ha encontrado un buen camino hacia donde usted está? Si es así, queremos conocerlo para enviar a otras personas a acompañarlo».

Livingstone contestó: «Si tiene hombres que vendrán sólo si saben que hay un buen camino, no los quiero. Quiero hombres que vengan aunque no haya camino». Eso es lo que los grandes líderes quieren de la gente que trabaja para ellos: quieren individuos que estén dispuestos a hacer lo que otros no.

Hay pocas cosas que ganan la admiración de un líder de alto nivel más rápido que un empleado con la actitud de «lo que se necesite». Es lo que las personas exitosas deben tener. Deben estar dispuestas y ser capaces de pensar más allá de la descripción de su puesto, estar dispuestas a abordar los tipos de trabajos para los que otros son demasiado orgullosos o temerosos de aceptar. Esas cosas son las que a menudo elevan a la gente exitosa por encima de sus colegas.

LO QUE SIGNIFICA HACER LO QUE LOS OTROS NO HARÁN

Tal vez usted ya posee la actitud de «lo que se necesite», y si una tarea es honesta, ética y benéfica, está dispuesto a hacerla. Si es así, ¡muy bien! Ahora todo lo que necesita es saber cómo cambiar esa actitud en acción para que haga las cosas que tendrán mayor impacto y cree influencia con los demás. Aquí están las diez cosas principales que le recomiendo que haga para convertirse en una persona exitosa y un buen líder:

1. LA GENTE EXITOSA ACEPTA LOS TRABAJOS DIFÍCILES

La habilidad de lograr tareas difíciles hace que se gane el respeto de otros muy rápido. En mi libro *Desarrolle el líder que está en usted,* aclaro que una de las maneras más rápidas de obtener liderazgo es solucionando problemas.

Los problemas surgen continuamente en el trabajo, en el

> hogar y en la vida en general. He observado que a la gente no le gusta los problemas, se cansa pronto de ellos, y hará todo lo posible para librarse de los mismos. Esto provoca que otros pongan las riendas del liderazgo en sus manos, si usted está dispuesto y puede atacar los problemas de otros, o capacitarlos para resolverlos. Sus habilidades para resolver problemas serán siempre necesarias, pues la gente siempre tiene problemas.[1]

No sólo se gana respeto al aceptar tareas difíciles, sino que también le ayuda a convertirse en un líder mejor. Aprende tenacidad y perseverancia durante las tareas arduas, no en las fáciles. Cuando se tienen que tomar decisiones duras y es complicado obtener resultados, los líderes se forjan.

2. LA GENTE EXITOSA PAGA SUS DEUDAS

Sam Nunn, quien fuera senador de Estados Unidos dijo: «Usted debe pagar el precio; verá que todo en la vida tiene uno, y tendrá que decidir si el trofeo lo vale». Para convertirse en una persona exitosa, tendrá que pagar un precio. Tendrá que abandonar otras oportunidades para poder ser líder, que sacrificar algunas metas personales por beneficiar a otros, salir de su zona de comodidad y hacer cosas que nunca antes había hecho. Tendrá que continuar aprendiendo y creciendo aun cuando no tenga ganas, tendrá que poner repetidamente a los demás por encima de usted una y otra vez. Y si desea ser un líder realmente bueno, tendrá que hacer esas cosas sin quejarse ni presumir. Pero recuerde, como la leyenda de la NFL, George Halas dijo: «Nadie que haya dado lo mejor de sí se ha arrepentido».

3. La gente exitosa trabaja en la oscuridad

Yo respeto mucho la importancia del liderazgo. Supongo que es obvio para una persona cuyo lema es «Todo surge o se desploma por el liderazgo». Ocasionalmente, alguien me preguntará cómo encaja el ego en la ecuación del liderazgo, querrá saber qué evita que un líder tenga un ego enorme. Pienso que la respuesta está en el camino al liderazgo de cada líder; si la gente paga su precio y da lo mejor de sí en la oscuridad, por lo regular el ego no es un problema.

Uno de mis ejemplos favoritos ocurrió en la vida de Moisés en el Antiguo Testamento. A pesar de haber nacido hebreo, vivió una vida de privilegio en el palacio de Egipto hasta que tenía cuarenta años; pero después de matar a un egipcio, fue exiliado al desierto por cuarenta años. Ahí Dios lo usó como pastor y padre, y después de cuatro décadas de servicio fiel en la oscuridad, Moisés fue llamado al liderazgo. Las Escrituras dicen que para entonces era el hombre más manso sobre la tierra. Bill Purvis, el experimentado pastor de una iglesia grande en Columbus, Georgia, dijo: «Si haces lo que puedas, con lo que tengas, en donde estés, entonces Dios no te abandonará donde estés, e incrementará lo que tengas».

La novelista y poeta inglesa Emily Bronte dijo: «Si pudiera, siempre trabajaría en el silencio y la oscuridad, y dejaría que mis esfuerzos se conocieran por sus resultados». No todos quieren estar lejos del reflector como ella. Pero es importante que un líder aprenda a trabajar en la oscuridad, porque es una prueba de integridad personal. La clave es estar dispuesto a hacer algo porque importa, no porque hará que usted sea reconocido.

4. LA GENTE EXITOSA TIENE ÉXITO CON LA GENTE DIFÍCIL.

La gente que trabaja en los niveles más bajos de la organización, por lo regular no puede elegir con quién trabajará; como resultado, a menudo tiene que trabajar con gente difícil. En contraste, la gente que está en la cima casi nunca tiene que trabajar con personas difíciles porque eligen con quién trabajar; si alguien con quien trabajan se torna difícil, lo mueven o le permiten salir de la organización.

Para los líderes que se ubican en la parte intermedia, el camino es diferente. Tienen opciones para elegir algo, pero no el control por completo. Posiblemente no puedan deshacerse de gente difícil pero pueden evitar trabajar con ella. No obstante los buenos líderes, los que aprenden a dirigir a los líderes que los supervisan, a liderar lateralmente a sus compañeros y a guiar a sus subordinados, encuentran la manera de tener éxito con la gente que es difícil trabajar. ¿Por qué lo hacen? Porque beneficia a la organización. ¿Cómo lo hacen? Buscan la manera de conectarse con ellos. En lugar de poner a esta gente difícil en su lugar, se tratan de poner en el lugar de ella.

5. LA GENTE EXITOSA SE PONE EN LA LÍNEA.

Si desea ser exitoso, debe distinguirse de sus colegas. ¿Cómo hace eso, especialmente mientras trabaja en la oscuridad o se esfuerza en pagar sus cuotas?

Una manera es arriesgarse. No puede jugar a la segura y sobresalir al mismo tiempo.

Esto es lo delicado al tomar riesgos cuando se trabaja en una organización. Nunca debe tomarlos a la ligera cuando lo que arriesga no le pertenece. Yo llamo a eso «apostar con dinero ajeno». Usted no tiene el derecho de exponer a la organización. Tampoco sería correcto crear un riesgo alto para las personas que la conforman. Si va a tomarlo, debe ponerse *usted* en la línea. Juegue inteligentemente, pero no a la segura.

6. LA GENTE EXITOSA ADMITE ERRORES PERO NUNCA TIENE EXCUSAS.

Es más fácil moverse de una derrota hacia el éxito que

de las excusas hacia el éxito. Y usted tendrá mayor credibilidad con su líder si admite sus flaquezas y evita dar excusas. Se lo garantizo. Por supuesto, eso no significa que no tenga que dar resultados. El entrenador y tutor de béisbol, McDonald Valentine dijo: «Entre más alto el nivel en el que juegue, menos se aceptan las excusas».

Un buen momento para cometer errores y aprender es antes de ser reconocido como exitoso, ya que es cuando quiere descubrir su identidad y hacer que las cosas salgan bien. Quiere descubrir sus fortalezas de liderazgo antes de tener un puesto donde será el líder. Si tiene un área de flaqueza, puede trabajar para superar sus errores. Si continua flaqueando de la misma manera, puede aprender a vencer un obstáculo, o puede descubrir un área de debilidad donde necesitará colaborar con otros. Pero sin importar lo que suceda, no dé excusas. Steven Brown, presidente del grupo Fortune resumió esto así: «Esencialmente hay dos acciones en la vida: desempeño y excusas. Decida cuál aceptará de sí mismo».

7. LA GENTE EXITOSA HACE MÁS DE LO ESPERADO.

Las expectativas son altas en la cima, y desafortunadamente, en muchas organizaciones las expectativas de la gente en niveles bajos, es baja. Pero las expectativas están mezcladas en la parte media de la organización. Si trabaja en una y hace más de lo que se espera de usted, va a sobresalir y puede haber resultados maravillosos.

Cuando Chris Hodges, un pastor con mucha experiencia quien es donador y entrenador voluntario con EQUIP, trabajaba como parte del personal en una gran iglesia en Baton Rouge, su jefe Larry Stockstill tuvo la oportunidad de ser anfitrión de un programa de televisión. Chris no tenía responsabilidades relacionadas con el programa, y estaba en niveles bajos de la organización, pero sabía que era importante para Larry, así que fue al estudio para ver la primera grabación. Él fue el único miembro del equipo en hacer esto.

Había una gran emoción en el estudio conforme se aproximaba la hora de la transmisión. La emoción se convirtió en pánico cuando el invitado que aparecería en el programa llamó para decir que tenía problemas para llegar; no estaba preocupado porque pensaba que podían iniciar la grabación más tarde, ¡pero no sabía que la transmisión saldría al aire en vivo!

En ese momento Larry volteó a su alrededor, vio a Chris y le dijo: «Tú serás mi invitado hoy». El equipo le dio un micrófono a Chris, le pusieron algo de maquillaje y lo sentaron al lado de Larry. Chris se sorprendió cuando inició la grabación y se encendieron las luces, Larry lo presentó como el anfitrión asociado.

Chris estuvo en ese show con Larry cada semana por dos años y medio. La experiencia lo cambió para siempre, no sólo mejoró la relación con su líder, sino que lo hizo bien conocido en la comunidad; lo más importante, empezó a pensar por sí mismo y a ser un buen comunicador, habilidades que le ayudaron cada día de su vida. Todo sucedió porque decidió hacer más de lo que se esperaba de él.

8. LA GENTE EXITOSA ES LA PRIMERA EN RESPONDER Y AYUDAR.

En mi libro *25 maneras de ganarse a la gente,* recalco que ser el primero en ayudar a los demás es una gran manera de hacerlos sentir muy valiosos. Es una forma de hacerles saber que le importan. El tipo de influencia que gana al ayudar a un colega también se gana con su líder cuando responde y les ayuda a otros. ¿No ha visto que lo siguiente es cierto?

- La primera persona que es voluntaria es un héroe y le dan un gran trato.
- La segunda persona es considerada un ayudante y vista por encima del promedio.
- La tercera persona, junto con los que siguen, se ve como seguidor y es ignorada.

No importa a quien ayude, a su jefe, colega o a un subordinado, cuando ayuda a alguien de su equipo, lo ayuda a todo. Y cuando ayuda al equipo, ayuda a sus líderes. Eso les da razones para notarlo y apreciarlo.

9. La gente exitosa hace actividades que «no son su trabajo».

Pocas cosas son más frustrantes para un líder que tener a alguien que rechace hacer algo porque «no es su trabajo» (en esos momentos, la mayoría de los líderes que conozco están tentados a invitar a esa gente a ¡no tener un trabajo!) La gente exitosa no piensa en esos términos. Entienden la Ley del Cuadro Completo que menciono en el libro *Las 17 leyes incuestionables del trabajo en equipo*: «La meta es más importante que la participación individual».

La meta de una persona exitosa es hacer el trabajo, cumplir la visión de la organización y su líder. Eso significa hacer lo que se necesite. Conforme un líder se mueve hacia arriba, eso a menudo significa contratar a alguien que lo lleve a cabo, pero los líderes intermedios no tienen esa opción, así que entonces lo realizan ellos.

10. La gente exitosa asume la responsabilidad de sus responsabilidades.

Recientemente vi una caricatura donde un papá lee un

libro a su hijo al acostarse. Se aprecia la portada del libro en el que se lee el título: «La historia de Job», y el niño pregunta a su papá: «¿Por qué no demandó a alguien?»

¿No es así la manera en que mucha gente piensa estos días? Su reacción refleja ante la adversidad en culpar a alguien más. Ese no es el caso con la gente exitosa. Ellos se responsabilizan y las llevan a cabo al cien por ciento.

La falta de responsabilidad puede romper tratos cuando se trata de gente que trabaja para mí. Cuando mis empleados no hacen el trabajo, me decepciono, pero estoy dispuesto a ayudarles a mejorar si asumen la responsabilidad por sí mismos. Sé que se esforzarán en mejorar si la admiten y tienen espíritus dispuestos a aprender. Sin embargo, no tenemos punto de partida para mejorar, si no hacen el trabajo ni aceptan la responsabilidad. En dichos casos es momento de seguir adelante y encontrar a alguien más que tome su lugar.

¿QUÉ ESTÁ DISPUESTO A HACER?

J.C. Penney dijo: «A menos que esté dispuesto a dedicarse a su trabajo más allá de la capacidad del hombre promedio, no está preparado para puestos en la cima». Yo diría que tampoco está preparado para puestos en la parte intermedia.

La gente que quiere ser efectiva está dispuesta a hacer lo que otros no. Y por eso los líderes están dispuestos a darles los recursos, a promoverlos y ser influenciados por ellos.

11

¿Estoy listo para mejorar mi juego?

La gente exitosa se convierte en jugadores «sí se puede».

La Ley del Catalizador, en el libro *Las 17 leyes incuestionables del trabajo en equipo*, dice que los equipos triunfantes tienen jugadores que hacen que las cosas sucedan. Esto es cierto siempre: en los deportes, los negocios, el gobierno o en cualquier área. Esos miembros de los equipos que pueden hacer que las cosas sucedan son sus jugadores «sí se puede». Ellos demuestran aptitudes consecuentes, responsabilidad y dependencia.

Los equipos triunfantes tienen jugadores «sí se puede»

Todos admiran a este tipo de jugadores y los ven en los tiempos más difíciles, no sólo sus líderes, sino sus seguidores y colegas. Cuando pienso en jugadores «sí se puede», pienso en gente que siempre produce.

1. JUGADORES «SÍ SE PUEDE» PRODUCEN CUANDO HAY PRESIÓN

Hay muchos tipos diferentes de gente en el ámbito laboral, y usted los puede medir de acuerdo con lo que hacen en la organización:

Lo que hacen	**Tipo de jugador**
Nunca responden	Perjudicial
Algunas veces responden	Promedio
Siempre responden cuando están cómodos	Valioso
Siempre responden independientemente de la situación	Invaluable

Los jugadores «sí se puede» son las personas que encuentran una manera de que las cosas sucedan. No tienen que estar en ambientes familiares, tampoco. No tienen que estar en sus zonas de comodidad. Las circunstancias no tienen que ser justas o favorables. La presión no los hace menos. De hecho, cuanta mayor sea la presión, más les gusta. Siempre responden cuando hay presión.

2. LOS JUGADORES «SÍ SE PUEDE» PRODUCEN CUANDO HAY POCOS RECURSOS

En 2005, cuando se publicó en español mi libro *Hoy es importante* y me pedían a menudo que hablara sobre el tema, hice una junta para hacer sesiones continuas en Little Rock, Arkansas; después de la primera sesión, el sitio se quedó sin libros. Cuando el líder de la organización con la que estaba trabajando se enteró, movilizó algunas personas de su equipo y los envió a todas las librerías en la ciudad a comprar más copias del libro para que su gente pudiera tenerlos justo después de mi segunda sesión. Creo que compraron todas las copias en la ciudad.

Lo que más me gustó es que él quería que su gente se beneficiara del libro, y sabía que si no lo tenía disponible después de la charla, probablemente no conseguirían una copia. Así que lo logró, a pesar de que tuvo que comprar los libros por el total de su valor y revenderlos por la misma cantidad. Fue un esfuerzo muy grande y no obtuvo ganancias financieras. ¡Qué líder!

3. LOS JUGADORES «SÍ SE PUEDE» PRODUCEN CUANDO EL IMPULSO ES BAJO

Las organizaciones tienen sólo tres tipos de personas cuando se trata de impulso. Hay quién lo destruye: la gente que sabotea al líder o a la organización y elimina el ímpetu.

Esta gente tiene actitudes terribles y representa el diez por ciento más bajo de la organización, (en General Electric, Jack Welch tenía el objetivo de que cada año se identificaran a dichos individuos y se despidieran). El segundo grupo es la gente que lo administra: gente que toma las cosas como vienen. Nunca lo crea o lo disminuye; simplemente fluye con él. Esta gente está en el medio, con el ochenta por ciento.

El grupo final son los generadores de impulso: la gente que mueve las cosas hacia adelante y crea ímpetu. Estos son los líderes en la organización y representan el diez por ciento. Ellos generan el progreso, superan los obstáculos, ayudan a los demás a moverse, y generan energía en la organización cuando el resto del equipo se siente cansado o desmotivado.

4. LOS JUGADORES «SÍ SE PUEDE» PRODUCEN CUANDO LA CARGA ES PESADA

Los buenos empleados siempre tienen el deseo de ayudar a sus líderes. He trabajado con muchos de ellos a través de los años. Siempre aprecié cuando alguien que trabajaba conmigo decía: «Terminé mi trabajo. ¿Puedo ayudarte?» Pero hay otro nivel en el juego que alcanzan algunos jugadores, y lo puede ver usted en su habilidad para llevar una carga pesada en cualquier momento que lo necesite su líder.

No ayudan al líder con la carga pesada sólo cuando su carga es ligera. Lo hacen en cualquier momento que la carga de sus jefes es pesada.

Linda Eggers, Tim Elmore y Dan Reiland son ejemplos de cargadores de carga pesada para mí. Durante años, cuando he estado bajo presión, han tomado tareas y las han completado con excelencia. Dan Reiland es tan increíble que continúa haciéndolo incluso ahora, y ya no trabaja para mí. Lo hace como un amigo.

Las claves para convertirse en este tipo de trabajador son disponibilidad y responsabilidad. Ser un cargador de carga pesada es una cuestión de actitud, no de puesto. Si tiene la voluntad y capacidad para levantar la carga de sus líderes cuando lo necesitan, usted los está influenciando.

5. Los jugadores «sí se puede» producen cuando el líder está ausente

La mayor oportunidad de un líder, que está jerárquicamente en medio de la organización, para distinguirse es cuando su líder está ausente. Es en esos momentos que el vacío del liderazgo existe y los líderes pueden llenarlo. Es verdad, cuando los líderes saben que estarán ausentes, por lo regular asignan un líder para reemplazarlos. Pero incluso entonces, hay oportunidades para que la gente se organice, responsabilice y brille.

Si es líder, cuando haya un vacío de liderazgo, usted tiene muy buenas posibilidades de distinguirse. También debe saber que cuando la gente trata de llenar ese vacío, casi siempre expone sus colores verdaderos. Si sus motivaciones son buenas, y su deseo de ser líderes es por el bien de la organización, se demostrará. Si están tratando de alcanzar poder para beneficio personal y por su avance personal, también se demostrará.

6. Los jugadores «sí se puede» producen cuando el tiempo es limitado.

Me gusta un letrero que vi en un pequeño negocio que cita: «Las 57 reglas para entregar la mercancía», debajo decía:

Regla 1: Entregue la mercancía
Regla 2: Las demás 56 no importan

La filosofía de los jugadores «sí se puede» es esta: cumplen sin importar qué tan difícil sea la situación.

Busque su oportunidad de subir de nivel

Conforme trabajaba en este capítulo, Rod Loy me platicó una historia de cuando era líder de nivel intermedio en una organización; en una junta prolongada, su líder anunció un nuevo programa donde dijo que ya existía. Rod escuchaba muy interesado, porque no lo conocía. Sonaba muy bien, pero entonces su líder anunció que Rod sería el líder del programa, y quien estuviera interesado podía hablar con él después de la junta.

Rod no había sido informado al respecto, pero no importó. Durante el resto de la junta mientras su líder hablaba, hizo un borrador del diseño y un plan de acción para el programa. Cuando la junta terminó y la gente se le acercó, él comunicó su plan y lo lanzó. Rod dijo que tal vez no había sido su mejor trabajo, pero que era bueno dada las circunstancias. Creó una oportunidad de ganar para la organización, preservó la credibilidad de sus líderes y también le ayudó a la gente.

Tal vez nunca se encuentre en este tipo de situación, pero si adopta una actitud positiva y la tenacidad de un jugador «sí se puede», y toma cada oportunidad para hacer que las cosas sucedan, probablemente se desempeñará como él bajo circunstancias similares. Si lo hace, su líder confiará en usted, y la gente en que confiamos incrementa su influencia y credibilidad cada día que trabajamos con ellos.

12

¿Estoy listo para ser líder en el siguiente nivel?

Para llegar al siguiente nivel, lleve a otros al éxito.

Las organizaciones en crecimiento siempre están buscando gente buena para avanzar al siguiente nivel y ser líderes. ¿Cómo saben si una persona está calificada para dar ese salto? Al ver su historial en su puesto actual. La clave para ascender como un líder emergente es enfocarse en ser exitoso en donde está y liderar bien en ese nivel, no en subir de posición. Si usted es exitoso donde está, creo que tendrá la oportunidad de serlo en un nivel más alto.

Para ascender, aprenda a dirigir

Conforme se esfuerza por ser la persona más exitosa, mantenga las siguientes cosas en mente:

1. EL LIDERAZGO ES UN CAMINO QUE INICIA DONDE USTED ESTÁ, NO DONDE QUIERE ESTAR

Recientemente mientras manejaba mi automóvil, un vehículo que iba por la izquierda intentó dar vuelta a la derecha desde el carril del medio y causó un accidente. Afortunadamente pude bajar la velocidad rápidamente y minimizar el impacto, pero aun así las bolsas de aire se activaron y los dos autos se dañaron considerablemente.

Lo primero que noté después de pararme y entender la situación fue que la pequeña pantalla de la computadora de mi automóvil mostraba mi ubicación exacta de acuerdo al sistema global de navegación por satélite, GPS. Lo observé un momento, preguntándome por qué el automóvil me indicaba la latitud y longitud exacta. Entonces entendí, *¡por supuesto!* Si está en problemas y llama para pedir ayuda, la primera cosa que los trabajadores de emergencias querrán saber es su ubicación. No pueden hacer nada hasta saber dónde está.

El liderazgo es similar. Para saber cómo llegar a donde quiere ir, necesita saber dónde está. Para ir a donde desea, necesita enfocarse en lo que hace ahora. El galardonado escritor de deportes, Ken Rosenthals dijo: «Cada vez que usted decide crecer de nuevo, se da cuenta que inicia en la parte más baja de otra escalera». Necesita tener sus ojos fijos en sus responsabilidades actuales, no en las que desea tener algún día. Nunca he conocido una persona enfocada en el ayer para tener un mañana mejor.

2. LAS HABILIDADES DE LIDERAZGO SON LAS MISMAS, PERO LA «LIGA DEL JUEGO» CAMBIA

Si recibe una promoción, no piense que porque su nueva oficina está a unos metros de la antigua, la diferencia son unos cuantos pasos. Cuando se le «llame» a otro nivel de liderazgo, la calidad de su juego debe subir rápidamente.

No importa en que nivel esté trabajando, se necesitan habilidades de liderazgo ahí. Cada nivel nuevo requiere uno más alto de habilidades. La manera más fácil de ver esto son los deportes. Algunos jugadores pueden brincar de una liga recreativa al bachillerato. Pocos pueden brincar de bachillerato a la universidad, y muy pocos logran ir de la universidad a los niveles profesionales.

Su mejor oportunidad de lograr la siguiente «liga de juego» es crecer en el nivel actual de modo que sea capaz de llegar al siguiente.

3. LAS GRANDES RESPONSABILIDADES VIENEN SÓLO DESPUÉS DE MANEJAR BIEN LAS PEQUEÑAS

Cuando doy un discurso o voy a firmar libros, la gente a veces me dice que también desea escribir libros. —¿Cómo inicio? —me preguntan.

—¿Qué tanto está dispuesto a hacer ahora? —les respondo.

Algunos me hablan sobre artículos y otras piezas que están escribiendo, y simplemente los motivo; pero la mayoría del tiempo responden con sencillez: —Bueno, realmente no he escrito nada.

—Entonces necesita empezar a escribir, —les explico—. Debe iniciar con algo pequeño y continuar.

Es igual en el liderazgo, debe empezar por lo pequeño e ir creciendo. Una persona que nunca ha sido líder antes, necesita tratar de influenciar a otras. Alguien que ya tiene influencia, debe tratar de desarrollar un equipo. Sólo se necesita iniciar así.

San Francisco de Asís dijo: «Empiece a hacer lo que sea necesario; entonces haga lo que sea posible; y de repente estará haciendo lo imposible». Todo buen liderazgo inicia donde usted está. Napoleón dijo: «Las únicas conquistas que son permanentes y no dejan arrepentimiento son nuestras conquistas de nosotros mismos». Las pequeñas responsabilidades que tiene hoy comprenden la primera gran conquista de liderazgo que debe hacer. No intente conquistar al mundo hasta que haya hecho su tarea en su patio trasero.

4. Liderar en su nivel actual crea su currículo para ir al siguiente

Cuando ve a un doctor por primera vez, por lo regular le pregunta muchas cosas sobre su historial familiar. De hecho, por lo regular son más preguntas sobre eso que sobre su estilo de vida. ¿Por qué? Porque la historia familiar, más que nada, parece ser lo que determina su salud.

Cuando se trata de éxito en el liderazgo, la historia es algo similar. El historial de su puesto actual es lo que verán los líderes cuando intenten decidir si puede hacer un trabajo. Lo sé cuando entrevisto a alguien para uno, pongo el noventa por ciento del énfasis en el historial.

Si quiere tener la oportunidad de ser líder en otro nivel, entonces su mejor posibilidad para tener éxito es liderar bien en donde está ahora. Cada día que usted es líder y tiene éxito, está construyendo un currículo para su siguiente trabajo.

5. CUANDO USTED PUEDE LIDERAR BIEN A LOS VOLUNTARIOS, PUEDE DIRIGIR CASI A CUALQUIER PERSONA

En un congreso reciente del Día del Presidente donde discutíamos el desarrollo del liderazgo, un director general me preguntó: —¿Cómo puedo elegir al mejor líder en un pequeño grupo de líderes? ¿En qué me fijo?

Hay muchas cosas que indican que alguien tiene potencial de liderazgo: la habilidad de hacer que las cosas sucedan, habilidades personales fuertes, visión, deseo, habilidades para solucionar problemas, autodisciplina, una ética de trabajo fuerte. Pero sólo hay una gran prueba de liderazgo que es casi a prueba de tontos, y es lo que sugerí: —Pídale que sea líder de un grupo de voluntarios.

Si desea probar su propio liderazgo, intente ser líder de voluntarios. ¿Por qué es eso tan difícil? Porque con los voluntarios no tiene autoridad, ni de donde apalancarse. Requiere cada gota de sus destrezas de liderazgo lograr que gente que no tiene que hacer nada de lo que usted les pida lo haga. Si no es lo suficientemente desafiante, pierden interés; si los presiona demasiado, renuncian; si sus habilidades personales son débiles, no pasarán ningún tiempo con usted; si no puede comunicar la visión, no sabrán a dónde van o por qué.

Si es líder y su organización tiene algún enfoque de servicio comunitario, motive a las personas en su equipo a convertirse en voluntarios. Luego vea cómo lo hacen. Si se desempeñan en ese ambiente, entonces sabe que poseen muchas de las habilidades para ir a otro nivel en su organización.

VIVA EN EL SIGUIENTE NIVEL

Donald McGannon, anterior director general de la Corporación de Comunicación Westinghouse dijo: «El liderazgo es acción, no posición». Tomar acción, y ayudar a otros a hacer lo mismo en un esfuerzo coordinado, es la esencia del liderazgo. Haga esas cosas donde esté, y no permanezca ahí mucho tiempo.

Notas

Capítulo 3

1. Robert M. McMath y Thom Forbes, *What Were They Thinking?* (Nueva York: Random House, 1998).

2. Patricia Sellers, "Now Bounce Back!" *Fortune* (1 mayo 1995): pp. 50–51.

Capítulo 4

1. Tommy Franks y Malcolm McConnell, *American Soldier* (Nueva York: Regan Books, 2004), p. 99.

2. Jim Collins, *Good to Great* (Nueva York: Harper Business, 2001), pp. 139 [*Empresas que sobresalen* (Bogotá: Norma, 2002)].

Capítulo 5

1. Ella Wheeler Wilcox, "Which Are You?" *Custer, and Other Poems* (Chicago: W. B. Conkey Company, 1896), p. 134.

2. Anónimo.

Capítulo 10

1. John C. Maxwell, *Desarrolle el líder que está en usted* (Nashville: Grupo Nelson, 1996), pp. 83-84.

Acerca del Autor

John C. Maxwell es un reconocido experto en liderazgo a nivel internacional, orador y autor que ha vendido más de 19 millones de libros. Es el fundador de EQUIP, una organización sin fines de lucro que ha capacitado a más de 5 millones de líderes en 126 países por todo el mundo. Anualmente habla a los líderes de diversas organizaciones, tales como compañías de la lista Fortune 500, gobiernos extranjeros, la Liga Nacional de Fútbol Americano, la Academia Militar de Estados Unidos en West Point y las Naciones Unidas. Un autor de *best sellers* del *New York Times*, *Wall Street Journal* y *Business Week*, Maxwell ha escrito tres libros que han vendido cada uno más de un millón de ejemplares en inglés: *Las 21 leyes irrefutables de liderazgo*, *Desarrolle el líder que está en usted* y *Las 21 cualidades indispensables de un líder*. Se puede leer su blog en JohnMaxwellOnLeadership.com y seguirle en Twitter.com/JohnCMaxwell.

Printed in the USA
CPSIA information can be obtained
at www.ICGtesting.com
LVHW020709050824
787165LV00010B/77